夢みる名古屋

ユートピア空間の形成史

矢部史郎

現代書館

夢みる名古屋　◆目次

はじめに　名古屋という難問　006

第1章　1918 鶴舞　013

鶴舞公園／帝国主義の時代／名古屋の市区改正事業／中京デトロイト化構想／航空機産業と日本主義労働組合／名古屋空襲／戦災復興都市計画／一〇〇メートル道路／シュペーアのゲルマニア計画／すべての路地を自動車交通路に／転覆の恐怖と反動

第2章　１９６５　小牧　075

国道四一号線／ベトナム戦争の時代——道路をめぐる戦い／名神高速道路／名古屋の拡張と愛知用水／伊勢湾台風／内陸型工業都市の姿／不可視化する工業／モータリゼーションの社会的効果▽事例A　トラック野郎の交通戦争▽事例B　勝田清孝事件——広域化する犯罪▽事例C　口裂け女伝説——大人がいなくなった町

第3章　１９８９　世界デザイン博覧会　149

労働者の党、軍事政権を賞賛する／名古屋国際会議場

／アイカ工業の樹脂／ＩＮＡＸのタイルとトイレ／排除のデザイン／鈴木俊一・中曽根康弘の東京改造／名古屋鉄道のパノラマカー／都市をめぐる展望の変化／欲望の都市／名古屋の荒廃

参考文献　214

あとがき　219

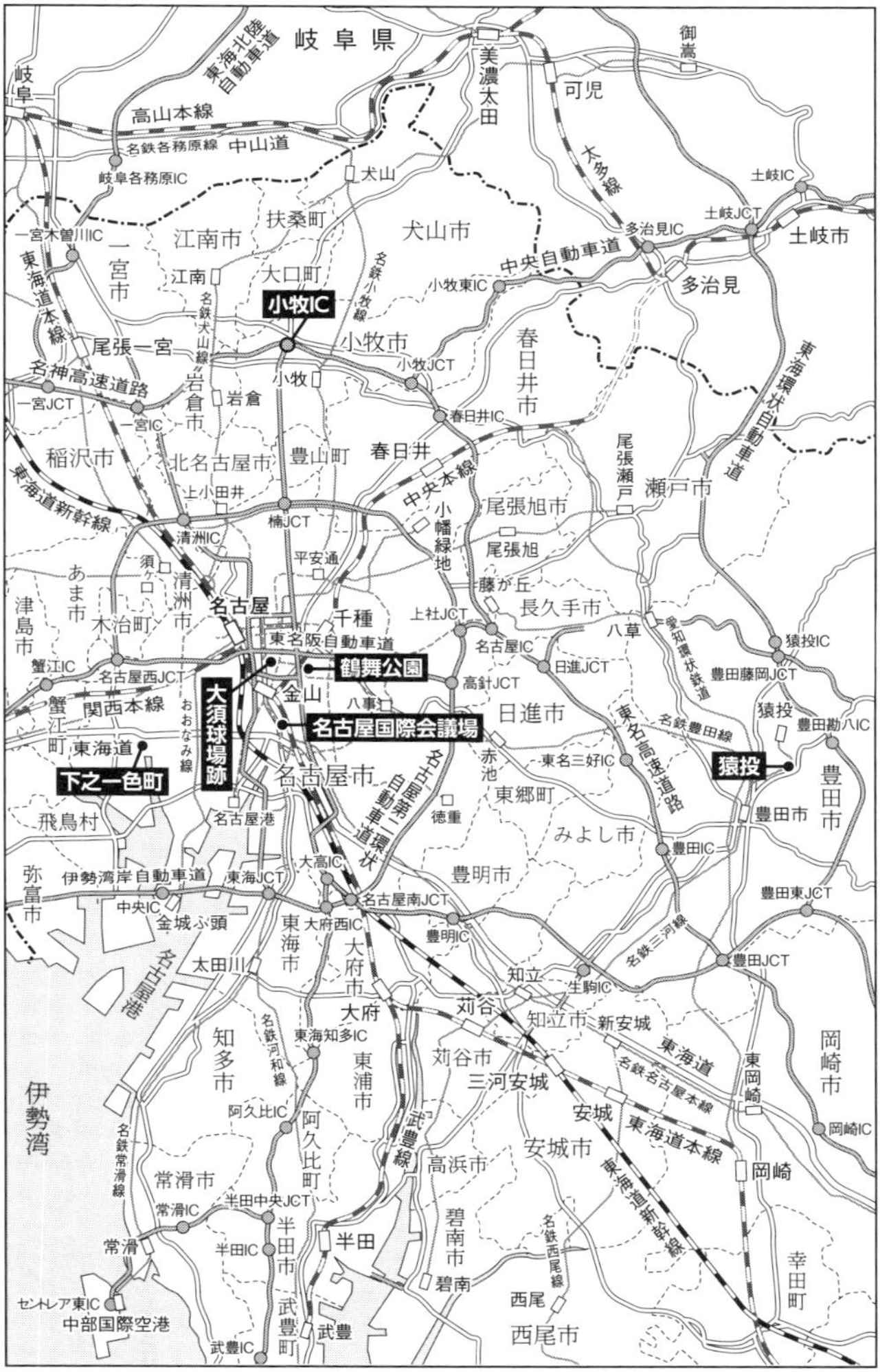
岐阜県
東海北陸自動車道
岐阜
高山本線
名鉄各務原線
中山道
岐阜各務原IC
美濃太田
可児
御嵩
太多線
土岐IC
土岐JCT
土岐市
犬山
一宮木曽川IC
江南市
扶桑町
犬山市
多治見IC
中央自動車道
多治見
東海道本線
一宮市
江南
大口町
名鉄小牧線
小牧東IC
名鉄犬山線
小牧IC
尾張一宮
小牧市
春日井市
東海環状自動車道
名神高速道路
岩倉市
岩倉
小牧
小牧JCT
一宮JCT
一宮IC
春日井IC
稲沢市
北名古屋市
豊山町
春日井
尾張瀬戸
瀬戸市
東海道新幹線
上小田井
中央本線
小幡緑地
尾張旭市
清洲IC
楠JCT
尾張旭
あま市
須ケ口
清洲市
平安通
津島市
木治町
名古屋
千種
藤が丘
長久手市
上社JCT
八草
愛知環状鉄道
東名阪自動車道
猿投IC
蟹江IC
名古屋西JCT
鶴舞公園
名古屋IC
日進JCT
豊田藤岡JCT
蟹江町
関西本線
大須球場跡
金山
八事
高針JCT
猿投
日進市
東名高速道路
名鉄豊田線
豊田勘八IC
おおなみ線
名古屋国際会議場
東海道
赤池
東名三好IC
猿投
下之一色町
名古屋市
名古屋第二環状自動車道
東郷町
豊田市
飛鳥村
名古屋港
徳重
みよし市
豊田市
豊田IC
弥富市
伊勢湾岸自動車道
東海JCT
大高IC
豊明市
名古屋南JCT
豊田東JCT
中央IC
金城ふ頭
東海市
大府西IC
豊明IC
名鉄三河線
豊田JCT
名古屋港
太田川
大府市
知立
生駒IC
大府
刈谷
知立市
新安城
東海道
知多市
名鉄河和線
東海知多IC
東浦町
刈谷市
東岡崎
岡崎市
伊勢湾
三河安城
名鉄名古屋本線
阿久比IC
阿久比町
武豊線
安城
安城市
東海道本線
岡崎IC
名鉄常滑線
常滑市
高浜市
岡崎
常滑IC
半田中央JCT
東海道新幹線
常滑
半田IC
半田市
半田
碧南市
名鉄西尾線
幸田町
セントレア東IC
中部国際空港
碧南
西尾
武豊町
武豊
西尾市
武豊IC

はじめに
名古屋という難問

名古屋について書けって？　一冊の本で？　無理だよ、それは。

名古屋の街をテーマに一冊の本を書く。編集者の依頼はとてもシンプルだが、難題であった。名古屋について調べて、考えて、書く。うん。いやいや、簡単に言わないでほしい。名古屋の本をつくりたいなら、誰か、名古屋が大好きだっていう人に依頼すればいい。名古屋についてよく知っている郷土史家とかいるだろう。そういう地元愛にあふれた人に話をもっていくのが、順当なやりかたというものだ。

私はね、好きじゃないんだ、この街は。不愉快なことばっかりなんだ。そんな人間が名古屋について一冊書いたとして、それっておもしろいのか？　なんだかギスギスした不愉快な読み物にしかならないのではないか？

私が名古屋に移り住んで、かれこれ八年になる。二〇一一年の三月に、ある事情があって、家族三人で引っ越してきた。ここに暮らしてもう八年になるが、いまだに慣れない。どこかよその国に放り出されたかのようだ。たとえるなら、パリや、ベルリンや、ニューヨークの路上で経験したあの感覚。道に迷っているわけではないけれども途方にくれるという感覚が、名古屋にはある。

こんな感覚は、東京でも大阪でも感じたことがない。韓国のソウルに旅行したときも、こんなさびしい気分にはならなかった。たぶん私は、アジア的なごみごみした街が好きなのだとおもう。ごみごみした路地でないと、生きた心地がしないのだ。空間の尺度、密度、不調和、迷路のようにまがりくねった生活道路。電柱も好きだ。細い路地から天を仰いだときに目に入る電線の束は、自分がなにかに包まれているような安心感をおぼえる。それが乱雑であればなおよい。乱雑さは、アジアの市やバザールが共通してもっている生活美だ。

名古屋には私が美しいとおもうような空間はない。この街は、日本にありながら、アジア的な潤いを失っている。すべてが整然と並べられ、まるでアメリカの街路のような寒々しさがひろがっている。こういう街に愛着をもつことは難しい。こういう整然とした街が好きだという人もいるのだろうが、私には無理だ。この格子状の道路設計は、禁欲的にすぎる。私は、パリやベルリンやニューヨークの街に愛着をもたないのと同じように、名古屋の街に愛着をもてないのだ。そんな私が名古屋についていきいきと書けるだろうか。なんだかささくれだったものにしかならないのではないか。

それでもいい、と編集者が言った。名古屋の街が寒々しいという感覚は、ぜひとも書くべきだ。そういう感覚を抱く人間は少なからずいるのだから、書いてほしい、と。

いやいやいや、そうじゃない。

名古屋が寒々しいと感じる人が少なからず存在することは知っている。私がそうだし、私の友人はたいていそうだ。で、そういう人たちが、名古屋の本を読むだろうか。読まないだろう。なぜなら彼らが名古屋に暮らすことはないし、旅行に来ることもないし、あえて名古屋にかかわる必要はないのだから。関心の外だよ。君は本をつくる編集業者だから、いま名古屋に興味津々だけれども、普通の人は、名古屋に関心を向けることはないよ。

そしてもうひとつ。名古屋の人は名古屋に暮らしていかなきゃいけないわけだよ。寒々しいおもいをしたり、途方にくれたりしながらも、ここに暮らしていかなきゃいけないわけだ。これは、きびしいことだよ。毎日毎日ここで生活してんだこっちは。そういう人たちにだな、名古屋の悲しい歴史の話を並べて見せても、ひびかないよ。ほっといてくれって、言われるよ。この街が歴史のどこかの段階で大きな失敗をしたということは、みんなうすうす知ってるんだ。極端な都市改造をやったせいで、なにか人間の生活にとって大事なものが、壊されてしまった。みんなうすうす気がついているんだ。だってそれは結果にあらわれてるんだから。魅力のない街第一位だもの。最悪の街ですよ、はっきり言って。そこであえて、この街を最悪へと導いた歴史の話をするのかと。あえて傷口に塩を塗り込むのかと。

うん。そうだね。わかった。書きましょう。

誰だって名古屋の話なんか読みたくないんだ。てきとうに〝名古屋めし〟かなんかの話題でお茶を濁しておきたいんだ。そうであれば、書くしかないね。名古屋の悲惨な歴史。名古屋が荒廃していったプロセスをたどる、名古屋荒廃史だね。よし、やるか。

さて。

外国人旅行者に「日本を代表する都市は?」と問われたら、どう答えるだろう。日本でもっとも大きな都市は、もちろん東京である。歴史的文化的にユニークな大都市といえば、大阪である。しかし、東京や大阪を「日本を代表する都市」とすることには、私にはすこし抵抗がある。それはもちろん間違いではないのだが、それぞれが特殊な姿と魅力をもっているために、日本の一般的な現実からはズレてしまう。日本の一般的な姿は、あんな愉快なものではない。

私は、「日本を代表する都市は名古屋だ」と言ってみようとおもう。「名古屋を見てください、これが日本です」と言ってみよう。もうこの時点で読者の不愉快な表情が目に浮かぶ。私も不愉快だ。もしも私が観光業者であったなら、名古屋をすすめることはしない。だが私は観光業者ではないので、みなさんを名古屋に案内し、日本近現代の不愉快な歴史を紹介しようとおもう。これは名古屋の歴史でありながら、同時に、工業国日本がたどってきた不愉快な歴史だ。

この暗い歴史は、名古屋を詳しく知らない人であっても、うっすらと予感しているのではないだろうか。名古屋の街に立ったとき、人びとはこの街の暗黒を予感して、大急ぎであたりさわりのない断片的な話題に関心を向けるのではないだろうか。あまりじっくりと考えることがないように気を紛らわせていないと、足首をつかまれて名古屋の暗黒に引きずり込まれてしまう。それは、私たちが直視することを避けてきた日本の姿、日本の歴史だ。

本書は三部構成にした。

名古屋の歴史に三つのピンを刺して、時代を区分した。この時代区分は、都市を構成する力・働きの区分でもある。ある時代に始まった働きは、持続し、地層のように重なりながら、都市を構成している。三つのピンは、時代区分であると同時に、力学の区分でもある。

第一章は「一九一八　鶴舞」とした。一九一八年に鶴舞で始まった名古屋米騒動に第一のピンを刺した。これは一九一九年の「都市計画法」制定以降、周辺町村を合併した名古屋市が、どのように都市計画を進めたかという歴史である。

第二章は「一九六五　小牧」とした。一九六五年、名神高速道路小牧インターチェンジ開通に第二のピンを刺した。これは第二次大戦後に始まったモータリゼーションによって、自動車道路が増殖し、名古屋が一段と拡張していった時代である。自動車の速度によって名古屋の輪郭が突き崩され、膨張していく。都市計画はスケールを拡張し、国土計画の時代に入る。

第三章は「一九八九　世界デザイン博覧会」とした。一九八九年に名古屋で開催された世界デザイン博覧会に第三のピンを刺した。これは都市計画・国土計画の次にあらわれた、都市の見世物化《スペクタクル》の時代である。都市改造の力点は、工学的なものから光学的なものへと移行し、キラキラと輝く都市を出現させる。都市空間がまるごと商品化されていく、再開発・ジェントリフィケーションの時代である。

以上の三部構成で、名古屋の歴史を振り返り、考えていこうとおもう。

これは基本的に名古屋の歴史としてまとめる予定だが、名古屋以外の話も引き合いに出していくことになる。なぜなら、ここで描こうとする都市の荒廃史は、名古屋に固有なものではなく、都市開発の一般的傾向・一般的事実を示すものだからである。

都市開発は、地域に固有の文化をはぎとり、平板なものにならしていく。その典型的なプロセスを示したのが名古屋である。ある小規模な都市が、都市開発によってつまらない街になってしまう。ひだのない平板な区画と、生活感を失った空間。近代都市計画、モータリゼーション、そして、ジェントリフィケーションへ。それはどんな歴史をもった都市であっても「名古屋のような街にされてしまう」ということである。日本中の小都市が、名古屋のような街に改造されてきたのである。

名古屋の都市の歴史を知ることとは、現代の都市が一般的に直面している脅威を考えることでもある。おそらくアメリカでも、フランスでも、日本でも、多くの小都市が名古屋のような平板さの圧力にさらされているのだ。

第1章 1918 鶴舞

鶴舞公園

名古屋の中心街を南北に貫く大津通《おおつどおり》。栄《さかえ》からこの通りを南に下り、若宮大通《わかみやおおどおり》の矢場町《やばちょう》交差点を渡ると、大須《おおす》の繁華街の東端が顔を見せ始める。赤門《あかもん》通、万松寺《ばんしょうじ》通商店街の入口を横目に見ながら南に下っていくと大須通にぶつかる。大津通と大須通が交わる上前津《かみまえづ》交差点を左に折れて東に進んでいく。新堀川《しんほりかわ》にかかる記念橋を渡ると、左手には中《なか》区を管轄する中警察署の大きな建物があらわれる。さらに道を進んでつきあたる巨大な交差点の歩道橋を渡るとJR中央線・鶴舞《つるまい》駅に到達する。駅のガードをくぐれば鶴舞《つるま》公園である。

鶴舞公園は、いまから一一〇年前、一九〇九年に造成された。総面積二四ヘクタールの大公園は、春になると多くの花見客が訪れる。この公園は、当時開催された博覧会、第十回関西府県連合共進会の会場として造成された。もともとは大きな沼地であったところに、新堀川の開削で掘り出された土砂を埋めることで、大型の公園を造成したのだという。公園内には奏楽堂、公会堂、図書館、動物園などがつくられた。ここにあった動物園は、現在は千種《ちくさ》区の東山《ひがしやま》公園に移転されている。

公園前には名古屋電気鉄道（現名古屋鉄道など）の路面電車、公園線が敷かれ、大須通の上前津と鶴舞公園、そして広小路《ひろこうじ》通の新栄《しんさかえ》をつないでいた。

新堀川から鶴舞公園までの一帯、現在の千代田《ちよだ》（一丁目から四丁目の一部）は、旧地名で東川端町《ひがしかわばたちょう》といい、ここは愛知時計電機の工場群と、その労働者が暮らす住宅地となっていた。当時の名古屋は、時盛舎、愛知時計電機、加藤時計製造所、明治時計製造、尾張時計、水野時計製造所など、多くの時計メーカーが集積していた。このころ全国の時計メーカーの半数が名古屋にあったという。東川端町に本拠をおいた愛知時計電機は、時計メーカーとして成長しつつ、海軍と強く結びつく軍需企業へと変貌し規模を拡大していった。愛知県で初の大型労働争議となった愛知時計争議は、この東川端町と鶴舞公園を舞台にして、長期にわたるストライキをおこなった。

近世につくられた城下の町割りの端にあたる場所に、新しい近代的工場が建設され、新しい労働者の街がつくられ、近代的な大公園と路面電車が新設された。

鶴舞は、近世と近代との接点である。ここで名古屋の近代大衆社会が産声をあげ、また、近代性への弾圧が刻み込まれることになる。鶴舞は、近代化と反動というふたつの力が切り結ぶ焦点となる。

名古屋を知る人は、名古屋を「おおいなるイナカ」と呼ぶ。「イナカ」とは、私なりに翻訳すれば、〝近世的封建社会が残存した地域〟ということだろう。外観としては近代的産業都市として成長しながら、その都市社会の内容はおどろくほど封建的である、という意味だ。なぜそういうことになったのか。その歴史を探るために、まずは鶴舞から話を始めよう。

一九〇九年に開園した鶴舞公園は、その後多くの大衆集会が開催される会場となり、ふたつの暴動の舞台となる。

暴動の第一は、一九一四年の電車暴動である。

このころ、電車の運賃値上げに不満を募らせていた市民は、運賃値下げを要求する市民大会をたびたび開いていた。一九一四年九月六日、鶴舞公園で開催された市民大会につめかけた五万人の群衆が、集会後に暴徒化する。線路に丸太を投げ、電車に火をつける大暴動となった。この暴動は警察だけでは鎮圧できず、軍隊も出動し、発生から五日後の一一日になってようやく鎮圧された。逮捕者は三四二人。二二輌の電車が消失・破損した。

不穏な空気が持続するなかで、四年後、第二の暴動を迎える。

一九一八年八月一二日、米価問題の演説会があるという噂を聞きつけて鶴舞公園に集まった三万人の群衆が暴徒化。群衆は鶴舞から米穀取引所のある米屋町《こめやちょう》（現名駅《めいえき》三・四丁目の一部）に向かって進んでいった。途中、南長島町《みなみながしまちょう》（現栄二丁目）、下園町《しもそのちょう》（現錦《にしき》一丁目）

の米穀商を襲いつつ、堀川へ進み、泥江《ひじえ》橋の付近で警官隊と衝突する。

当時の記録を引用しよう。

午後七時三〇分においては泥江橋付近に約五~六〇〇名の群衆あり、八時半頃に至

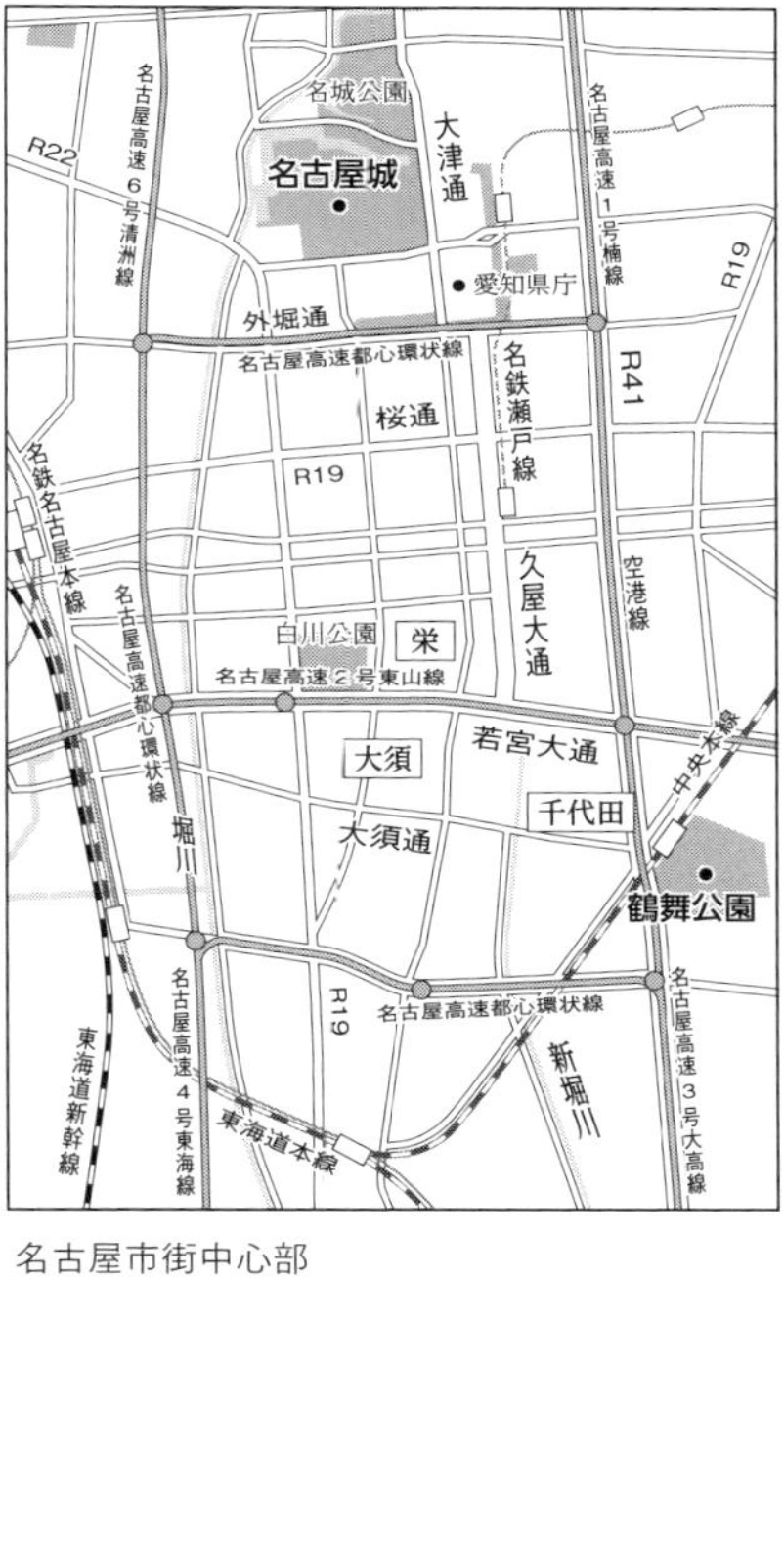

名古屋市街中心部

り漸く其数も増し、九時三〇分頃には泥江橋付近は一面人山を築き、群衆中投石するものあり、之れに和して喊声を挙げ更に轟然たり。一〇時二五分頃先発の約二、三千の集団は泥江橋に殺到し、電燈を破壊し瓦礫を投じて非常線を突破せんとせしも、極力防禦に務めつつありしに、一〇時四〇分頃数万の群衆殺到し、公設便所及び付近民家の板囲い其の他を破壊して之れを投げつけ、又々屋根瓦を剥離して警官隊に向け或は盛に投じ、又々棍棒木材の類を振って突撃し、警官隊は十数名の騎兵と共に或は防御し或は突進して撃退を試みるなど専ら力戦奮闘し、殊に軍隊出動の御通牒に接し、配置員にその旨を示達し、今暫く如何様にも防御すべしと督励に務めたり。然るに一一時三〇分頃、群衆の猛烈なる突撃のために警官隊は騎兵とともに約一丁程新道通りまで退却するの止むを得ざるに至り、既に取引所に侵入せんとしたるも、漸くにして勢いを盛り返し、死を決して一斉に突撃し、漸くにして元位置に復することを得たるも、此時警官隊に多数の負傷者を生じたり。前期突撃の際新道通り大正運送店前の配置員は泥江橋隊に合して突撃に従事したるため空虚になりたるに乗じ、泥江橋方面より六~七〇〇の群衆雪崩れ来たり、我が虚を衝きて同所より侵入せんとせしを、伝令及び警察等の任務に従事中の自署員之れを発見し急を告げて、泥江橋隊より若干の人を割きて、之れが防御に努め、彼此互に乱れて数回相互に突撃せり。群衆は此の際泥江町富田病院東側道路傍木材の積載し在りし個所に多量の紙片を何所よりか持ち来たり、之れに放火したるを以て、警察隊は必死の勇を奮って一斉に突撃して、群衆を撃退して之れを消し止め、幸にして大事に至らざるを得たり。一一時四〇分頃軍隊の出動ありたるを以て一斉に群衆を撃退し、漸くにして駆逐するを得たり。前記最初に三千の集団殺到以来、軍隊出動群衆を撃退するに至るまで約二時間、暗黒中にありて彼我肉迫し絶えず相互に突撃を続け、其の凄惨たる事実は名状すべからずして、六九名の犯人を逮捕せり。其後此所彼所に居残れる群衆を漸次退散せしめて、午前三時頃全く付近に停滞せる者なきに至る。尚お群衆中午前一時頃、西区沢井町石田亀造方格子戸に石油を注ぎ放火したるものあるも、家人が発見し消し止めたるを以て大事に至らざりし。

（「江川署報告」『米騒動の研究　第一巻』二〇二頁）

名古屋の米騒動は八月一二日から一六日まで五日間にわたって繰り広げられ、二〇九人が起訴された。この暴動の主体となったのは、職工・労働者であった。

ちなみに、京都の米騒動では被差別部落民が大量に検挙され、そのことが全国水平社結成を推し進める一因になったのだが、名古屋では京都とは対照的に、被差別部落民の検挙がほとんどなかった。名古屋の警察は、被差別部落民の生活相談に応じ、民心の馴致につとめていた。被差別部落民の一部は、米騒動に際して警備の一端を担ってもいる。名古屋の米騒動は、都市大衆のなかでも労働者による暴動という性格を強くもつものだった。

電車暴動と米騒動の経験は、名古屋の労働者に強い自信を与えるものだった。この後につづいて闘われた名古屋の労働争議の記録を付記しておこう。

一九二一年一〇月、中区千代田にある愛知時計電機の労働者八五〇人が賃上げを要求して争議団を結成。争議団のうち三〇〇人が長期ストライキに突入する。同月、北区《きた》金城《きんじょう》の帝国撚糸の労働者二三〇人が賃上げを要求してサボタージュ。東区《ひがし》の丸織（愛知織物）の女工が、老女工の馘首と休憩時間短縮に抗議して騒動。名古屋市下の木挽職人五〇〇人が、木挽職人同業組合を再建し、大規模ストライキに突入。

米騒動に前後して、名古屋の労働運動は勢力を増していった。そうした近代大衆社会の誕生を背景にして、名古屋の区画整理事業が準備されていく。

日本近代の都市計画は、帝国主義政策と共に始まった。二〇世紀の前半期、都市計画と帝国主義は切っても切り離せない関係にあった。

日本は一八九四年の日清戦争で台湾を獲得し、一九〇四年の日露戦争で南満州の鉄道などを獲得、その後さらに朝鮮半島を併合した。ふたつの戦争によって急速に国土を膨張させた日本は、軍事強国をめざして工業化を推し進めていた。工業化と共に、都市労働者の人口は増大していった。戦前、一八七七年の統計資料では、農林業就業人口八〇・七％、工業五・一％、商業五・三％であったのに対して、一九二一年には農林業五一・六％、工業一九・四％、商業一一・六％と、人口構成が様変わりしていく。産業構造の変化によって、都市人口は膨張し、また新興都市が成長していく。室蘭、浜松、八幡、戸畑といった工業都市、函館、小樽、門司、若松といった港湾都市、夕張、大牟田の炭鉱都市、そして豊橋、佐世保、呉、横須賀などの軍事都市。この時期、都市計画の射程は地域的なスケールから国土計画のスケールへと大きく拡張していった。その大きさは、日本列島と台湾、朝鮮半島、後には中国大陸へと拡大するけた違いなスケールであった。

計画領域の拡大と共に、質においても大きな転換があった。都市人口の膨張は新しい大衆社会を形成し始めていた。米騒動は近代大衆社会の登場をはっきりと歴史に刻み込むできごとであった。

一九一八年の米騒動は、富山県から始まって全国に拡大した都市暴動である。富山県の新川平野の海岸沿いには、水橋、滑川、魚津という米の積み出し港があった。この町で荷物の積み込み作業をする陸仲仕《おかなかし》の女性たちが、米の積み出しを拒否した。彼女たちが、米価暴騰の元凶として標的にしたのは、米を買い占め売り惜しむ商人たち、なかでも成金商人であった。第一次大戦の戦争景気は、新興の成金を数多く生み出していた。富山にもそんな成金の商店があり、女性たちは商店の倉を取り囲み大騒動となる。この事件は「富山の女一揆」として新聞に報道され、全国に伝えられていった。

成金商人は、近代資本主義を象徴するものであると同時に、近世的な安定秩序を破壊するものとしてあらわれていた。彼らは人間の道をはずれている。戦争に乗じて荒稼ぎした成金が、こんどは民衆の胃袋を投機の対象にしているのだ、と。米騒動は、食糧の分配問題だけでなく、近代資本主義の非人道性を告発する性格を帯びた暴動となる。

富山で始まった米騒動は、八月に入って京都、名古屋などに飛び火し、東京、関西、中国地方の各都市で大暴動となった。山口県と福岡県の炭鉱街では警察だけでは足りず陸軍が出動して鎮圧した。この全国暴動で、死者は三〇人、二万五〇〇〇人が検挙され、七七八六人が起訴、二人が死刑となった。

一九一八年の米騒動は、日本近代史上まれに見る大暴動であった。内務省は都市大衆が潜在させている怪物じみた力をおもい知ることになる。暴動が鎮圧されたあとも米騒動の炎は燃えつづけ、労働運動、水平社運動、女性運動、借地借家人組合、食糧消費者運動、政府の報道統制に反対する言論活動など、近代民主化運動が活発におこなわれるようになる。大正デモクラシーの興隆である。

米騒動の翌年に、もうひとつ日本政府にとって重大な事件が起きている。併合した朝鮮半島、当時の「国土」の三分の一を占める地域で、民族独立を訴える「三・一運動」が始まった。三・一運動は、街頭デモとゼネラルストライキという戦術をとりながら、朝鮮全土に拡大し、しだいに暴動へと発展する。独立運動は三か月にわたって繰り広げられ、死者七五〇九人、負傷者一万五四八九人、四万六三〇三人が逮捕された。

一九一八年の米騒動、一九年の三・一運動、そして社会の諸領域で始まった大正デモクラシーは、内務省に社会政策の必要性を痛感させるものになった。このとき社会政策は、帝国主義の国家体制を護持し、革命を予防するという使命をもっていた。すでに隣国では一一年の辛亥革命で清帝国が倒され、一七年のロシア革命でロシア帝国が倒され、一八年のドイツ革命でドイツ帝国が倒されていた。当時、革命は現実的なものとしてあった。日本はロシア革命政権を転覆するためにシベリアに出兵しているが、そのときすでに革命の危機は日本国内に引火していたのである。

一九一九年の「都市計画法」は、そうした不穏な情勢のなかで制定された。

名古屋の市区改正事業

一九一八年、名古屋は「市区改正準用都市」として国の指定を受け、名古屋の都市計画は東京と同等の扱いを受けることになる。翌一九年、都市計画法が制定。名古屋の骨格となる重要施設は国が計画し、その下で市町村が事業を執行する体制ができあがる。このときから名古屋は、前例のない大規模区画整理事業の実験場になる。

一九二〇年当時、名古屋の人口は四三万人弱であったが、産業の発展によって、毎年一万五〇〇〇人という急激な人口増加を見せていた。二一年に名古屋は周辺の一六町村を合併。市域面積は三七・三平方キロから一四九・六平方キロへと、約四倍に拡大した。

名古屋の街路網計画は、内務省の主任技師・山田博愛の指導のもと、当時二七歳の若き技師、石川栄耀《ひでき》によって作成された。

石川は、のちに日本の都市計画行政のイデオローグとして強い影響力をもつことになる人物である。石川は、都市計画法によって設置が決まった「都市計画地方委員会」の技師第一期生として、一九二〇年、内務省に採用される。最初に赴任したのは名古屋で、「都市計画名古屋地方委員会」に一三年間在籍している。その後、名古屋での区画整理事業の成果を買われ、三三年、「都市計画東京地方委員会」に栄転していく。四三年、東京都の成立に伴って、東京都の道路課長に移籍。東京都都市計画課長、建設局長と歴任し、退職

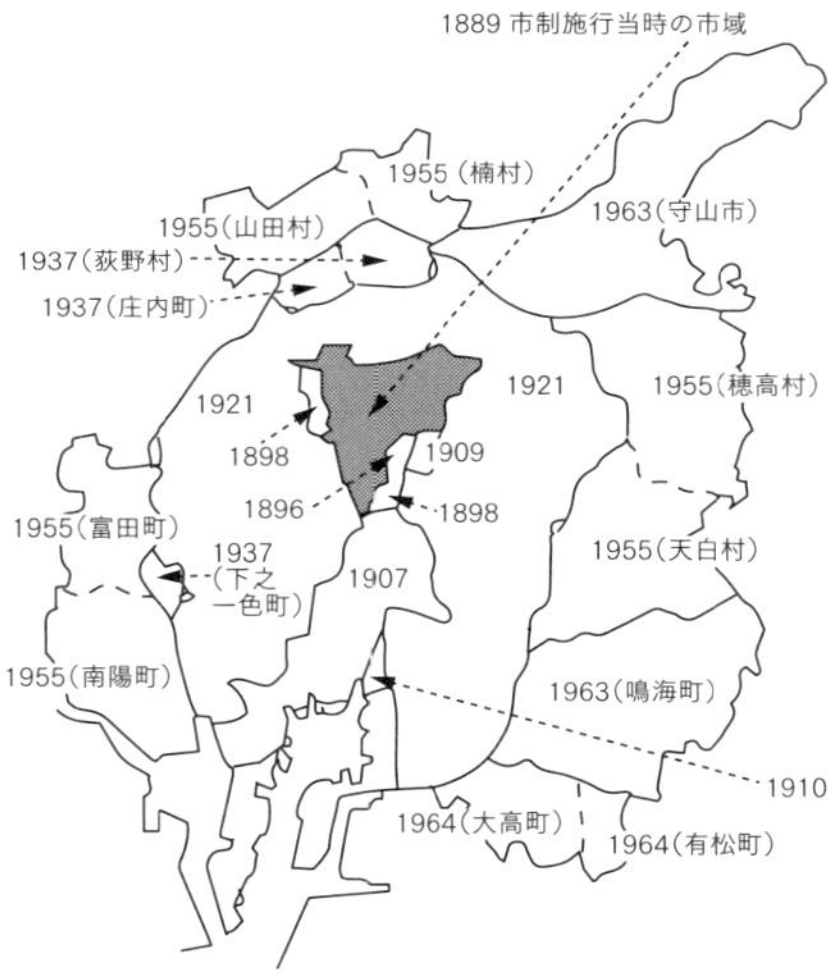

名古屋の市域拡大．中心の濃色部分が市制施行時の市域，1921年に周辺16町村を編入し以後拡大する
（「市域のうつりかわり」名古屋市HPより作成）

後は早稲田大学土木工学科の都市計画講座教授に就任する。五五年に六二歳で病没するまで、日本の都市計画行政にかかわりつづけた。

名古屋の都市計画事業で石川たちが取り組んだ課題は、長大な道路建設計画を、どれだけ予算をかけずに実現するか、ということだった。石川が作成した道路計画のスケールに対して、予算はぜんぜん足りない。このギャップをどう埋めるのかだ。そこから導かれた方策は、地主たちを「区画整理組合」という民間事業組織に束ね、土地開発の主体にしていくことだった。これは日本の都市計画史上最大の発明であった。

国や市が地主に対して土地を渡せというのでは交渉がなかなか進まないし、要求される補償金も大きく積みあがってしまう。だが、地主たちが組合を形成し、自ら土地開発をおこなうというのならば、公的費用にかかる負担は非常に小さなものにできるのである。

地主たちは、土地を受け渡し補償金を受けとる、という立場ではなく、土地開発事業者の一員として自ら区画整理事業をおこない、利益を分け合う、という立場になった。わかりやすく言えば、内務省は、地主たちに儲け話を吹き込んで、都市計画事業の一員になるように巻き込んでいったのである。区画整理は儲かるのだ、と。もちろん儲かるかどうかはわからない、〝取らぬ狸の皮算用〟ではある。地価が必ずあがるという保証はない。しかし、もしも儲けが出なかったとしても、そこは地主たちの自己責任であって、国が損失を補償する必要はないわけである。

都市計画愛知県地方委員会は雑誌『都市創作』を発行し、都市計画の夢と意義を積極的に宣伝していった。『都市創作』は一九二五年から三〇年までに五五冊が確認されているが、ここで石川栄耀は都市の未来を説く都市整備事業の宣伝マンとなる。また、二七年に「名古屋をもすこし気のきいたものにする会」、翌年には「名古屋都市美研究会」という団体を形成する。この団体は名古屋商工会議所内に事務局を置き、街づくりへの住民の参画を狙ったものだ。現代風に言えば、〝市民参加型行政〟を担う官製NPOといったところだ。

石川たちが事業の主眼においたのは、地主たちと銀行家たちをその気にさせ、区画整理組合を形成させることだった。石川は饒舌に語る。なぜなら、その都市改造の結果について、内務省が責任を負うことはないからである。彼は自由に夢を語ることができる。内務省の権威と、あらかじめ免責されている自由さが、人びとを魅了していく。そうして名古屋は全国でもっとも先進的な都市改造のモデル地域となるのである。

このすこし前、東京では区画整理事業をめぐって大論争が起きていた。一九二三年の関東大震災後、東京では、都市計画法とは別につくられた「特別都市計画法」によって、区画整理が進められた。特別都市計画法では、区画整理の事業主体は、国または市の区画整理委員会となった。しかも、事業主体は公共団体であるにもかかわらず、事業対象である地主たちに、土地の一割を無償で提供することを求めた。これを、「一割無償減歩」と言う。この「無償減歩」という手法は、区画整理や耕地整理で一般的におこなわれているものだ。これが民間の事業組合であれば、あまり大きな問題にはならなかっただろう。だが東京の震災復興では、事業主体は公共団体となっていた。地主たちは意見を聴取されることはあっても、意思決定権はあくまで官にあるのだ。地主たちは自らの意思ではなく強制的に土地の一部を召し上げられてしまうのである。地主たちは激しい反対運動を起こしていく。一九二四年、「区画整理・バラック取払即効反対協議会」という連合組織がつくられる。ここで都市計画をめぐる重要な論争が繰り広げられていく。

この一九二四年の論争のなかでもとくに私が注目したいのは、道路と地価の評価をめぐる論争である。

内務省の復興局の主張はこうだ。道路が拡幅されれば、そこに面している土地は恩恵を受けるのだ。土地の一部を無償で提供しても、それを上回る利益があるのだ、と言う。あまり深く考えなければ、まあそうかなと信じてしまうかもしれない主張である。

これに対する地主側の主張はこうだ。道路が拡幅されることで、路面の利益が損なわれてしまうこともあるのだ、と。これはとくに小売りの商店にとっては死活問題であった。小売りの商売というものは、道が広ければ客の入りがよくなるというものではない。むしろ道幅が変わることで客が逃げてしまう。道路は適度に狭くなければ、買い物客の賑わいが失われてしまうのだ、と小売り商人たちは主張した。

これは、実際に小売りの商売をしている人びとが、自らの経験のなかでつかんでいた、本質的な論点であるとおもう。街路には、工学的な空間量に還元することのできない、もっと繊細で、人間的な質がある。街路の質を重視した商人たちは、都市計画者の粗野で土木的な手つきを、根底から批判したのである。

道路拡幅の害は、商人に限った話ではない。住民にとっても歓迎できない話であった。住居には、外界から保護されている感覚が必要だ。住居に面した通路は、完全に閉ざしてしまうわけにはいかないが、ある程度は閉ざされていることが望ましい。人通りからすこし隔てられて、道が入り組んで、通り抜けることができないぐらいが、ちょうどいいのだ。区画整理事業は、道路の通行ばかりを重視して、なんでも通行可能な碁盤割にしてしまう。彼らがそういう計画をたてられるのは、生活に必要な有形無形の条件を無視しているからなのである。

東京の区画整理反対運動は奏功せず、結局、復興局によって強権的に押しきられてしまう。しかし、この論争の経験はその後の歴史に少なからぬ影響を与えたとおもわれる。

都市計画法制定直後の時期、ふたつの都市でまったく対照的な構図が生まれていた。東京では、官と民が鋭く対立する構図が生まれた。そのことが、都市計画事業というものの本質的性格を明らかにしていった。他方、名古屋では、内務省が地主・小地主を巻き込んで、官民が手をたずさえて土地開発事業を進める体制をつくりあげていった。名古屋と東京との経験の違い、なかでも、地主たちの姿勢の違いは、その後の都市開発行政の成否にも影響を与えることになる。

中京デトロイト化構想

一九三〇年、区画整理事業が軌道に乗り始めたころ、名古屋の運命を決定づけるもうひとつの重要政策が始まっていた。

名古屋と名古屋産業界を束ねる「中京デトロイト化構想」である。

デトロイトとは、アメリカの五大湖の西端にある、自動車産業が集積した工業都市である。名古屋をデトロイトにする、とは、名古屋を自動車産業の町にする、ということだ。

一九三〇年、名古屋市産業部は中京デトロイト化構想を政策化し、その実現に向けて名古屋産業界への働きかけを始めた。めざしたのは、名古屋の企業による国産自動車の開発、自動車産業の確立である。

この時期、日本の自動車産業は黎明期にあった。

一九一八年、東京瓦斯電気工業（現いすゞ自動車）がトラックの生産を開始。

一九二四年、石川島自動車製作所（のち東京瓦斯電気工業と合併し、いすゞ自動車）が自動車生産を開始。

一九二五年、フォードの日本工場が横浜で操業を開始。

一九二七年、ゼネラルモーターズの日本工場が大阪で操業を開始。

一九三〇年、共立自動車製作所（現安全自動車）がクライスラー製自動車の組立を横浜で開始。

東京瓦斯電気工業と石川島自動車製作所は、軍用トラックの生産が数百台、乗用車の生産体制はなかった。アメリカのフォード、ゼネラルモーターズ、クライスラーはいずれも、部品を輸入して最終組立工程だけ日本工場でおこなうというノックダウン生産体制であった。つまり一九三〇年当時、日本で国産自動車はほとんど生産されていなかったのである。

ちなみに、自動車製造（現日産自動車）が自動車生産を開始するのは一九三三年。豊田自動織機製作所自動車部（現トヨタ自動車）がトラックの生産を始めるのが三五年である。三〇年の中京デトロイト化構想は、そんな自動車産業の黎明期に試みられた、トヨタ自動車工業の助産師と言えるものだった。

一九三一年、名古屋の製造業五社の技術者が集められた。愛知時計電機、大隈鉄工所（現オークマ）、日本車輛製造、岡本自転車自動車製作所、そして豊田自動織機製作所（現豊田自動織機）である。

愛知時計電機は時計製造で蓄積された技術を軸に、機械や化学の分野にも進出。軍需では砲弾の信管製造、さらには軍用飛行機の製造なども手がけるようになっていた。

大隈鉄工所は製麺機の製造に始まり、旋盤など工作機械の製造をおこなう企業であった。

日本車輛製造は鉄道車輛を製造する大手メーカー、岡本自転車自動車製作所は自転車や航空機の部品や車輪などを製造していた。

そして、豊田自動織機製作所は織機製造から自動車製造への進出をめざしていたころである。

中京デトロイト化構想に参加した企業は、それぞれの事業で大規模なメーカーであったのだが、その上で自動車製造をテコに機械工業の一層の発展と、折からの昭和恐慌からの脱出を図ろうというものでもあった。

このころ大衆車の分野では、すでにシボレーやフォードが日本に輸入されていた。これらとの競争を回避するため、中京デトロイト化構想では高級車の生産をめざした。

一九三二年四月、試作車が完成した。試作車は、熱田神宮にちなみ「アツタ号」と名づけられ、東久邇宮を招いて公開試運転をおこなった。同年七月には陸軍の性能試験のため、名古屋から東京までを自走した。

アツタ号は、米国の高級車ナッシュをモデルにつくられたが、問題はコストであった。ナッシュの販売価格七三〇〇円に対して、アツタ号は七五〇〇円で販売した。しかしアツタ号の製造には一台当たり九二〇〇円のコストがかかっていた。国産高級車第一号は採算を度外視して発売したものの、これではまったく利益にならない。

名古屋市産業部はアツタ号のコスト軽減策について提言する。純国産自動車という構想はひとまずおいて、まずは輸入部品なども使用しながら、徐々に国産部品に置き換えていくのではどうか、と。現実的にはそうするしかなかった。このことを受けて、次に向けた開発を進めたのが、豊田自動織機製作所である。

一九三三年、豊田自動織機製作所は同社自動車部を立ち上げて開発を進め、三五年、最初のバス、キソコーチ号を製造した。

キソコーチ号は、純国産ではなく、エンジンやトランスミッションに外国製部品を採用してつくられた。さらに生産体制も大きく変えられた。アツタ号の生産が共同五社による水平的な分業でおこなわれたのに対し、キソコーチ号の生産は部品製造を下請企業に発注し、組立工程だけを自動車部でおこなうという体制をとった。自社一貫生産という体制はとらない。中間部品を下請工場に発注し、それらを束ねていくのである。この下請企業のネットワークという生産モデルが、のちのトヨタ自動車の骨格となる。

当時の豊田式織機（現豊和工業）の社長、兼松熙《ひろし》はこう語っている。

即ち自動車工業で有名なのはアメリカのフォードであるがあの大規模な工場と対抗していくことは至難極まる事である、だからフォードの如く何もかも自己の工場で製造しようとは思わない、名古屋の時計といえば世界的に有名であるが、時計がかくまで名声を博したのは家内工業的に部分品をつくりこれをよせ集めて廉価に製造した結果に外ならないのである。だから豊田式織機は最後の組立工場となり部分品を許す限り下受工場へ出す意向である、だから「キソコーチ」が真に確立するには最少三ヶ年を見ねばならぬと考えている次第であるが、下受工場が発達することは名古屋の工場が発達することにもなりそれで国産自動車工業が確立すれば豊田式は損することはこまるが儲けなくともよろしい、国家に何らかの貢献をなし得れば満足である

（『名古屋新聞』一九三五年六月八日）

ここで兼松が明言しているのは、フォードのような方法はとらない、ということである。自分たちは、フォードのような自社一貫生産をめざすのではなく、名古屋中の中小企業を自動車産業に巻き込んでいくのだ、という大方針をたてたのである。そしてここではもうひとつ、はっきりと言及されてはいないが、重要な大方針が暗に示されている。それは、初発から問題となっていた製造コスト問題は、下請企業のネットワークによって解決していく、ということである。トヨタ自動車工業に束ねられた中小企業群は、生産のネットワークであると同時に、コスト削減を実現するネットワークでもある。発注者の優越的地位を利用して下請にコスト削減を迫り、〝乾いたぞうきんをさらに絞っていく〟と表現されたトヨタ自動車の手法は、すでにこのときに定式化されていたのである。

一九三五年、豊田自動織機製作所自動車部はＧ１型トラックを発表。同時に、トラック月産一五〇〇台、乗用車月産五〇〇台、合計二〇〇〇台の生産計画を公表した。

一九三六年、「自動車製造事業法」が施行される。この法律は、日本の自動車産業を育成するために、自動車生産を許可制とし、アメリカ製の自動車を規制するものだった。生産を許可されたのは、日産自動車、豊田自動織機製作所自動車部、東京自動車工業の三社。フォード、ゼネラルモーターズ、クライスラー（共立自動車）は日本での生産から撤退していく。

自動車生産の許可会社となった翌一九三七年、自動車部は豊田自動織機製作所から分離し、トヨタ自動車工業（現トヨタ自動車）となる。そして自動織機の工場を離れ、碧海郡《へきかい》刈谷町《かりやちょう》（現刈谷市）に組立工場を建設した。四万八四〇〇平方メートルの敷地に、ボデー組立工場、ボデー塗装工場、フレーム組立工場、シャシー・ボデー組立工場、メッキ工場、組付部品置場、サービス用部品倉庫が設置された。

翌一九三八年、西加茂郡挙母町《ころもちょう》（現豊田市）に、五〇万平方メートルの敷地をもつ挙母工場を稼働させた。

五社共同による高級車アツタ号は一九三七年に生産を終了。中京デトロイト化構想は、三〇台程度のアツタ号と自動車開発技術者、トヨタ自動車工業を生み出して終了した。三〇年代末には、トヨタ自動車の大工場と部品を供給する中小の下請工場群が形成された。

航空機産業と日本主義労働組合

自動車産業と並んで、名古屋は航空機産業の拠点地域に成長していった。一九二〇年、三菱内燃機（現三菱重工業）名古屋工場が南《みなみ》区大江《おおえ》で生産を開始。二二年には、愛知時計電機が熱田《あつた》区船方《ふなかた》で航空機の生産を開始。同年、岐阜県加茂郡蘇原《そはら》村（現各務原《かがみがはら》市）に川崎造船所（現川崎重工業航空宇宙システムカンパニー）各務原分所が設立され、航空機の生産を開始していた。航空機は自動車と同様に膨大な中間部品を必要としたが、それらは名古屋市内の下請工場に発注されていった。

状況を大きく変えたのは、一九三一年に始まる満州事変である。日本が中国での戦争にのめり込んでいくなかで航空機産業は陸海軍からの受注が急増し、にわかに活気を帯びる。その下請工場でも人手が不足し、賃金を上昇させていく。もともとは繊維・陶器・食品といった軽工業を主体としていた中小の工場が、航空機関連の金属・機械器具生産へと業態を転換させていった。三六年当時、繊維工業は名古屋市全生産額の三五・二％を占める最大の産業であったが、三年後の三九年には一八％と後退した。かわりに、機械器具工業が二三・五％から四一・九％へと急増し、名古屋最大の産業部門となった。

こうした状況を決定的にしたのは、一九三九年に始まる戦時経済統制である。政府は価格統制をおこない商品価格と賃金の上昇を制限し、四〇年には「奢侈品等製造販売制限規則」を施行し「ぜいたくは敵だ！」などのスローガンを唱えて一般消費財の生産を圧迫していった。こうした経済の軍事化によって繊維や日用品などの雑工業を主体としていた工場は淘汰され軍需産業の下請工場へと転換、名古屋は軍需産業の街へと変貌していった。

軍需産業の急速な発展に伴って、労働組合の右傾化が進行していった。

満州事変開始から四年後の三五年、第一六回名古屋地方メーデーは、左右分裂メーデーとなった。右派「中部地方評議会」系の一〇組合は南区の船員会館に集結。鶴舞公園のメーデーは、左派「日本労働組合全国評議会（全評）」系七組合だけの集会になってしまった。

この分裂メーデーの直後、全評の中央委員であった山崎常吉《つねきち》は、全評からの離脱を宣言する。山崎は右派労働運動との合流に向けて、新たに「大日本忠孝労働組合」を結成する。この突然の転向は、人びとを驚愕させるものだった。

全評は、非合法化された共産党と距離をとりながら、新労農党の支持者を中心につくられた合法主義最左派の労働組合組織であった。山崎は名古屋の米騒動に加わって以来、労働運動にとり組み、名古屋の労農党・新労農党の中心的人物となっていた。労農党時代には愛知県会議員選挙に出馬し、当選している。そうした経歴をもつ山崎が、「組合主義」を捨てて、「日本主義」へと転向してしまったのである。当時の新聞『新愛知』のインタビューで、山崎はこう語っている。

米騒動以来二十年間左翼運動をつづけて来たが従来の素の運動状態を見ると到底我

が国において延びる余地がない、真の農民労働大衆の解放というものは日本主義に則った新たな運動方針に基くものでなければならぬと自覚したので突然脱退することとした、今後は新たな組織で無産大衆の解放に盡すつもりだが今直ぐ働きかけるというのではなく時期を見てやるつもりです。いづれ私の主義に共鳴する同志も多数集ることと思いますが素の連中を無理に私の運動へ引き込もうなどという腹は毛頭なく今度の脱退も誰にも話さずに私一人で断行した次第です

（『新愛知』一九三五年五月二〇日）

全評はただちに山崎を除名処分とした。山崎は名古屋で開かれた所信報告演説会で次のようなビラを配布している。

山崎常吉は労働運動を止めたのではありません。今まで関係しておりました労働組合は将来「天皇陛下」に弓を引き、我が日本の国を認めざるがごとく、世の人々から誤解され、組合員の生活安定の為にする運動が反対に組合員の幸福を奪う結果になり、ひいては「組合員が将来非国民的そしりを受ける事なきや」を恐れ、かくのごとく「国家皇室」を認めない労働組合へ、真に愛国の熱情に燃ゆる諸君を勧誘する事は、我等

が「祖先」に盾を突くがごとき結果を諸君に強いる事になり、これ明らかに「日本国民として為すべき道でない」事を悟り、……評議会より関係を断ったのであります。

（「協調会名古屋出張所報告」『新修名古屋市史　第六巻』六九七頁）

こうして合法最左翼の活動家であった山崎は転向し、名古屋の右派労働運動の中心人物になっていった。日中戦争のあいだ、名古屋の労働組合は日本主義へと傾いていく。

一九三九年の調査では名古屋の労働組合のうち、日本主義一六団体・約三九〇〇人、組合主義四団体・約六〇人、その他八団体・約三五〇〇人と、山崎ら日本主義が最大勢力を形成している。左派・組合主義はわずか六〇人という壊滅的状態に追いやられてしまった。

一九一〇年代、名古屋の人口は膨張し、新しい都市大衆と都市社会が生まれた。暴動と、労働運動、デモクラシーが始まる。名古屋の近代は、そうした新しい都市社会に対する反動として形成された。

内務省は、名古屋の小地主を集めて土地開発のうまみを説き、区画整理組合へと束ねていった。

名古屋の産業界は、小ブルジョアジーの企業群を航空機産業と自動車産業の下請企業へと束ねていく。

電車暴動・米騒動というふたつの暴動を牽引した産業労働者たちは、日本主義組合へと束ねられていった。

ここでは、近代化によって近世的なものが崩されていくのではなく、反対に、近世的なものを束ねることによって近代化がめざされていく。近世的な社会と意識が払拭されることはない。近世は保存されながら、近代性へ統合されていくのである。内務省と産業資本が近世的意識を統合し、都市開発と兵器生産に没頭する。行政と産業資本、小地主、小ブルジョアジー、産業労働者、そして軍部が、有機的に結合していく。ファシズムの時代の標本ともいうべき構図が、名古屋にあらわれていた。

名古屋空襲

太平洋戦争の末期、日本列島の大小の都市は米軍の戦略爆撃にさらされることになった。太平洋側に位置する名古屋も爆撃目標になる。名古屋空襲の特徴は、爆弾の投下量が大きかったこと、また、人口に対する死亡者の割合が大きかったことだ。原子爆弾をのぞく通常兵器での都市爆撃では、最大の爆弾投下を受けている。

ここからすこし長くなるが、名古屋空襲の記録を見てみよう。

名古屋が最初に空襲を受けたのは一九四二年四月一八日。ドーリットル空襲と呼ばれるものである。B25爆撃機一六機が東京、川崎、横須賀、名古屋、神戸などを爆撃、合計で八七人が死亡、四五七人が負傷した。この空襲で、名古屋は六か所が爆撃され、死者八人、重軽傷三七人、建物全焼一四棟という被害となっている。

名古屋は防空都市へと改造された。火災延焼を防ぐための空地地区が指定され、住民の立ち退きが進められる。また、公園や緑地を改造する防空緑地公園事業が進められた。建物疎開の対象となったのは一一〇万坪あまり。市内各所に、一三五五か所の貯水槽、総延長三五〇メートルの横穴式防空壕、一三〇か所の掩蔽式防空壕が設置されることとなった。

名古屋への空襲が再開されるのはその後、一九四四年である。四四年八月に、サイパン島をはじめとしたマリアナ諸島を日本が失う。米軍はマリアナ諸島にB29爆撃機を配備し、日本列島への戦略爆撃を本格化させる。

当初狙われたのは軍需工場一帯であった。一九四四年一二月一三日と一八日、東区大幸《だいこう》町《ちょう》の三菱重工業名古屋発動機製作所大幸工場が爆撃された。

工場の爆撃に次いで、市街地への焼夷弾攻撃が始まる。

一九四五年一月三日、米陸軍第二一爆撃集団は名古屋市街地を狙っての昼間焼夷弾爆撃を実行した。B29爆撃機九七機が、一四時四五分から約五〇分間に焼夷弾一五〇トンを投下。市内七五か所から火災が発生した。この爆撃は日本本土への焼夷弾爆撃がどの程度有効なのかを測定するためのテストであったともいう。このときの爆撃では焼夷弾に時限装置をつけるなどのテストもおこなわれた。

この日の被害は死者七〇人、負傷者三四六人、被害戸数三五八八戸。港《みなと》区の愛知航空機（現愛知機械工業）永徳《えいとく》工場の三万六六〇〇平方メートルが焼失。破壊面積は五・二八平方キロメートルにおよんだ。日本側の高射砲による迎撃が無力であること、また、焼夷弾には消火バケツで対応しても無意味で危険であることが証明された。

次に大規模な爆撃がなされたのは三月一二日。第二一爆撃集団の司令官は、カーチス・ルメイ少将に交代していた。

前任のヘイウッド・ハンセル准将が試行していた焼夷弾爆撃を、ルメイはより徹底しておこなった。ルメイが新たに実行したのは低高度からの焼夷弾爆撃であった。従来の高高度からの爆撃では、気象条件に成否が左右されてしまう。より正確に焼夷弾を投下するために、低高度からの爆撃が実行された。爆弾の搭載量を増やすために機銃など防御火器が取り外された。編隊を組まず、単独飛行で目的地に向かった。防御を考えず、徹底して爆撃のために編成された爆撃機は、迎撃機を避けるため夜間に爆撃を実行した。

三月一〇日から一九日までのあいだに、東京、名古屋、大阪、神戸の四都市が焼き払われた。一〇日の東京大空襲に次いで、一二日、B29三一〇機が名古屋を襲った。

名古屋一帯の防空を担当する東海軍管区司令部は三月一一日二三時四二分警戒警報を発令、翌一二日〇時二分に空襲警報を発令した。B29は伊勢湾を北上し西側より名古屋に侵入。二八五機が焼夷弾一七九〇トンを投下した。

被害は上前津、東別院《ひがしべついん》を中心に全市域におよび、とくに熱田区が大きな被害を受けた。市街地と混在する工場を狙っての爆撃であった。

この日の被害は、死者五一九人、負傷者七三四人、罹災者一二万五五五五人、被害戸数二万五七三四戸。

七日後の三月一九日夜、三一〇機のB29が名古屋に向け出撃、爆撃機は志摩半島、伊勢湾、渥美半島などの複数の経路で名古屋市上空に進入した。一時四五分警戒警報発令、二時〇分に空襲警報発令。二時四分から四時四八分の間に爆弾と焼夷弾あわせて一八五八トンが投下された。爆弾のなかには五〇〇ポンド（二二五キロ）爆弾も含まれ、これには消火活動をおこなおうとする人員を殺傷するための鋼片が入っていた。

破壊された面積は七・六二平方キロメートル。栄区、中区、中村区《なかむら》が大きな被害を受けた。

この爆撃による被害は、死者八二六人、負傷者二七二八人、罹災者一四万二八八七人、被害戸数三万九八九三戸。

三月一二日と一九日の空襲によって、名古屋の中心部は焼失したのである。

米陸軍第二〇航空軍司令官ヘンリー・アーノルド大将は、ルメイに対し焼夷弾での爆撃の強化を命じた。

その最初の目標となったのが名古屋であった。爆撃機は数を増し、投下される焼夷弾は倍増する。市街地に混在する小工場群を正確に狙うため爆撃の時間帯は昼間に変更された。

五月一四日、名古屋上空にB29五二四機があらわれる。六時二三分警戒警報発令、七時五〇分空襲警報発令。八時五分から九時二五分までに焼夷弾二五一五トンが投下された。

被害は死者二七六人、負傷者七八三人、被害戸数二万一九〇五戸。この爆撃ではとくに西区《にし》の被害が甚大となった。

その三日後の五月一七日にも爆撃がおこなわれた。目標となったのは、南部の住宅密集地帯とドック・工場群であった。出撃機数は五一六機。岐阜、知多半島など複数の経路から名古屋市に進入した。〇時一七分警戒警報発令、〇時三〇分空襲警報発令。二時五分から約三時間のあいだに三六〇九トンの焼夷弾が投下された。熱田区、南区を中心に中川区《なかがわ》、港区、瑞穂区《みずほ》、昭和区《しょうわ》などで死者五〇五人、負傷者一三〇〇人、被害戸数二万三六九五戸が被害にあった。工場では、愛知時計電機の本社工場と瑞穂工場、日本車輌製造本社工場、三菱重工業大江工場、岡本工業笠寺《かさでら》工場などの施設が爆撃の被害を受けた。

この後、大型の軍需工場を標的とした爆撃が、六月九日、二六日、七月二四日の三回にわたっておこなわれた。なかでも最大の被害を出したのは、九日の「熱田空襲」である。

六月九日八時三四分、空襲警報を発令。B29一三〇機が名古屋上空にあらわれた。しかし爆撃機の多くが琵琶湖方面に向かっていったため、空襲警報は解除された。この判断は間違いだった。爆撃隊の一部がふたたび名古屋上空にあらわれたとき、人びとは作業場に戻り生産を再開していた。九時三〇分、再度空襲警報を発令したが、すでに遅かった。爆撃機四七機から二七八トンの爆弾が投下され、熱田区の愛知時計電機船方工場、愛知航空機、住友金属工業（現日本製鉄）名古屋工場が破壊された。この日、工場で作業をしていた動員学徒一〇四五人、周辺住民を含めて二〇〇〇人以上の死者を出した。

六月に入ると、空襲は名古屋市の隣接地域にもおよんだ。

海軍燃料廠がおかれた三重県四日市市では、六月以降九回の空襲を受けている。一八日、二二日、二六日、七月九日、二四日、二八日、三〇日、八月二日、八日の九回である。全空襲の総計で、死者八〇八人、負傷者一七三三人、被災者四万九一九八人。全市域の三五％が焼失した。

六月二二日と二六日、岐阜県の那加町《なかちょう》、蘇原町、鵜沼町《うぬまちょう》（すべて現各務原市）が爆撃された。ここでは陸軍各務原飛行場と陸軍航空廠、川崎航空機（現川崎重工業航空宇宙システムカンパニー）岐阜工場、三菱重工業名古屋航空機製作所各務原格納庫といった軍事施設が標的になる。二回の爆撃で死者二二七人。

七月一二日と二八日、一宮市にも無差別爆撃が襲った。二度の空襲によって死者七二七人、負傷者四一八七人。一万四六八戸が焼かれ、市街地面積の八〇％が焼失した。

七月一五日と二四日、中島飛行機（現富士重工業など）半田《はんだ》製作所を標的に、半田市が空襲にあう。死者二六四人。

八月一四日、春日井市の陸軍造兵廠に模擬原子爆弾、通称パンプキン爆弾四発が投下された。死者七人。

同日、挙母町にパンプキン爆弾三発が投下された。死者一人。

一九四五年三月以後の名古屋爆撃を指揮したのはルメイである。ルメイの作戦の特徴は、市街地を優先的に破壊していったことである。彼は、大型の軍事施設よりも先に、多くの住民が暮らす市街地を攻撃している。まず栄区、中区、熱田区、中村区、西区を焼き払い、その後に港区、南区、周辺市の大規模工場を攻撃している。こうしたやりかたは非人道的でゆるしがたいものであるが、軍事的には理にかなったものだったと言える。なぜなら兵器生産の心臓部は、大規模なドックや兵器工場にあるのではなく、市街地に散らばった小さな町工場にあるからである。住宅と町工場が混在する地域の、家内制手工業に近い小さな部品工場こそが、生産工程の上流部であり心臓部なのである。名古屋では、大兵器工場から離れているからといって安心することはできない。市内には毛細血管のように、兵器工場のネットワークが張りめぐらされている。本当におそろしいのは大型軍事施設ではなく、住宅地のなかにひっそりと存在する町工場なのである。

名古屋市内に投下された爆弾・焼夷弾は、総計一万四〇〇〇トン。広島と長崎の原子爆弾を除き、通常兵器での戦略爆撃では国内最大量の爆撃となった。死者七八五八人、負傷者一万三七八人、家屋一三万五四一六戸を焼失し、名古屋は焦土となった。

戦災復興都市計画

一九四五年に始まる戦災復興都市計画は、しばしば〝戦後の平和〟と結びつけられる。

長い戦争が終わり、平和な時代が訪れ、都市の復興が進められた、と。

しかし、正確に捉えておかなければならないのは、敗戦から間をおかずに策定された都市計画が、本当に戦後のものと言えるだろうか、ということだ。復興計画を策定した技官たちは、昨日まで軍部の要請に従って防空都市計画の図面を引いていた人びとである。あるいは、満州の占領地域で現地農民の土地を強制的にとりあげて、新都市建設を進めていた人びとである。都市計画の看板は、「大東亜共栄圏」から「戦災復興」へすげかえられてはいる。だが頭の中身が一夜にして変わるわけではない。彼らの都市計画の思想が敗戦によって大きく転換したという形跡もない。

だからむしろこう考えるべきである。戦災復興都市計画は、内務省の最後の大事業であった。それは〝戦後〟〝平和〟という看板を掲げながら、ファシズムの時代の思想を臆面なく発揮する機会になったのである。内務省の技官たちは、空襲による全都市消失という機会に乗じて、なかば火事場泥棒のように、大規模都市計画を策定した。だが、一九四九年以降の緊縮政策(ドッジプラン)によって、計画は大幅に縮小されていく。内務省の都市計画はほとんど実現することはなかった。

戦災復興都市計画が各地で暗礁に乗りあげるなか、唯一それを成就させたのは、名古屋の戦災復興都市計画である。この街が広い道路に占有され切り刻まれることになったのは、戦災復興都市計画を阻止することができなかったからだ。

名古屋の戦災復興都市計画を推進したのは、二人の内務官僚出身者、佐藤正俊・名古屋市長と、田淵寿郎《じゅろう》・名古屋市助役である。名古屋を〝もっとも魅力的でない街〟にした戦犯は、この二人だ。

佐藤市長は、各局長の上位に都市計画の技監職をおき、中国帰りの田淵を迎えた。このことで、田淵は強い権限をもって都市計画を強行することができた。国・復興院は当初、名古屋の戦災地面積を六五〇万坪と算定していたが、田淵は、国からの補助金をより多く引き出すため、内務官僚に働きかけ、この査定を一三〇〇万坪に書き換えさせることに成功した。強い権限と予算、そして内務官僚時代に築いた政治力によって、田淵は名古屋を切り刻んでいったのである。

一〇〇メートル道路

名古屋城の城下には、近世につくられた碁盤割の町地があった。戦争の末期一九四四年、この町地に防空空地がつくられた。防空空地とは、空襲の際に家屋の延焼がひろがることを防ぐ目的で、家屋住民を立ち退かせ、広い空き地の帯をつくるものである。中心街の防空空地は、現在は桜通《さくら》となっている。桜通は、広小路通に並行して東西に延び、中心街の北側面を遮断している。

戦災復興都市計画では、この空地帯を保存しつつ、さらに二本の巨大道路が造成された。町地の東側面を遮断するように南北に延びる久屋《ひさや》大通、町地の南側面を遮断して東西に延びる若宮大通である。この新設された二本の道路が一〇〇メートル道路である。

久屋大通（久屋町線）は、北は名古屋城外堀の久屋橋から、南は新堀川運河まで、南北に一七四〇メートル、幅員一〇〇メートルの道路である。道の両端に歩道と三車線の自動車道、中央に大公園を配置している。自動車道に挟まれてある全長一七四〇メートルの大公園にはテレビ塔、大噴水、祭りや集会に利用される広場などが並ぶ。市はこの通りを緑地帯としているが、植樹の緑よりもがらんとした空間の広さが目立つ、居心地の悪い公園だ。

一〇〇メートル道路のもう一本は、久屋大通の南端と接して東西に延びる若宮大通（矢場町線）である。歩道と片側三車線の自動車道、車道に挟まれた中央部分はすこしだけ公園になっているが、ほとんどは上空を走る名古屋高速道路の橋脚となっている。若宮大通は全長三八五〇メートル。東は吹上《ふきあげ》の名古屋高速都心環状線から、西は堀川《ほりかわ》を越えてＪＲ

東海道線に突き当たるまで、一〇〇メートルの幅員がつづいている。
久屋大通と若宮大通は、若宮大通久屋交差点で直角に交わり、上空から見ると丁の字を逆さにしたような形になっている。この二本の一〇〇メートル道路が、名古屋戦災復興都市計画の中心、モニュメントである。

名古屋には、東京や大阪のような環状鉄道はつくられなかった。かわりに、おわんのようなかたちに弧を描いて延びるJR中央線が、都心部を輪郭づけている。JR中央線は、中心市街地の西端名古屋駅から、南に向かって金山《かなやま》駅、そこから東北に向かって弧を描き、鶴舞駅、千種駅にいたる。この名古屋駅から千種駅までのおわんの中身が、名古屋の中心市街地に該当する。名古屋駅と千種駅は、東西に延びる三本の通り、桜通、錦通、広小路通で結ばれている。そしてこの広小路通の中心が栄である。

栄は商業・文化施設が集積する中心的な市街地、栄駅は東西に延びる地下鉄東山線、南北に延びる地下鉄名城《めいじょう》線、北東に向かう名鉄瀬戸線（栄町《さかえまち》駅）が連絡するターミナルだ。

本当であれば、栄はもっと栄えてよいはずだった。しかしこの中心街には、商業と買い物客の賑わいをさえぎる構造的な欠陥がある。それが一〇〇メートル道路である。幅の広すぎる道路が街を切断し、街の一体性は失われている。車道を横断するたびに歩行者を疲れさせる。街歩きを楽しむための体力も気力も奪われていく。

第1章　1918 鶴舞

栄という街を観察して気がつくのは、デパートや歓楽街が集積する街であるにもかかわらず、ハイヒールを履いている女性がほとんど見られないということである。ハイヒールのようなおしゃれな靴を履いていたのでは、この街の横断歩道を渡りきることはできないからである。これは些細なことにおもわれるかもしれないが、都市構造の重大な欠陥だ。栄、伏見《ふしみ》一帯は、古くから呉服商が集積したアパレルの街である。有名デパートが集積し、若い女性がおしゃれをしてウキウキしながら買い物を楽しむはずのエリアだ。夜になれば住《すみ》吉町《よしちょう》、女子大小路《じょしだいこうじ》といった歓楽街が明かりをともす。カップルがおしゃれをして食事をしたり、バーで語らったりして、気持ちを高めていく街である。こういう性格の街で、女性たちがハイヒールを履くことがないというのは、異常なことである。

久屋大通や若宮大通の交差点で、横断歩道を渡る歩行者を観察してみればいい。歩行者は信号が青になったとたんに、足早に歩きだすか、小走りで駆けだしていく。さっさと渡ってしまわないと、渡りきる前に信号が赤に変わってしまうからである。そうするとふたたび信号が青になるまで中央の分離帯の空間で待機しなければならない。一〇〇メートル道路の横断は、信号を二回待って渡るように設計されている。だが歩行者は一度に渡りきってしまいたい。なぜならこの中央の待機させられる空間は、なんの工夫もないがらんとした場所で、夏は暑く、冬は寒く、ただ自動車の排気ガスを浴びせられるだけの空間だからである。ここに立たされることは非常に不愉快だ。だから多くの歩行者がこの道路を走って横断しているのである。一〇〇メートル道路の分離帯で、ベビーカーをおす親子や、杖をついた高齢者、重いカートをひく旅行者、車いすに乗った障碍者が、信号が変わるのを待たされている。こういう光景を見ると、見ているこちらまでいたたまれない気持ちになる。

近世につくられた城下町は、一〇〇メートル道路の造成によって破壊されてしまった。ここは歩行者にとって、おもしろみがなく、くたびれるだけの空間になってしまった。名古屋が都市としての魅力に欠け求心力を失うことになったのは、もっとも重要な中心市街地に一〇〇メートル道路という記念碑を刻み込まれたためである。

一〇〇メートル道路。都市計画者が航空写真を眺めて自画自賛するというだけのこどもじみた計画。この都市設計はどのような時代背景のなかであらわれてきたのだろうか。ここで、名古屋の都市計画と同時代の類似する例をみてみよう。ドイツのナチスが計画したベルリン市改造計画、別名「世界首都ゲルマニア計画」である。

シュペーアのゲルマニア計画

一九三三年、ドイツ共和国の政権を掌握したナチスは、軍備拡張を進め、侵略戦争に乗り出していく。

ナチスの総統アドルフ・ヒトラーは、一九三三年の政権掌握時からヨーロッパの征服を考えていた。この年、ナチスの建築家でありのちに軍需大臣にもなるアルベルト・シュペーアは、ヒトラーからベルリンの都市改造計画の作成を命じられる。ベルリンを世界の首都にふさわしい街へと改造する計画、ゲルマニア計画である。

ゲルマニア計画の中心は、ヒトラー自身がデザインした巨大なドーム建築「フォルクスハレ（国民会議場）」と、そこを起点に丁の字に延びる二本の道路である。

フォルクスハレの正面から南に向かって道幅一二〇メートル、全長五キロメートルの直線道路を造成する。この南北軸に、凱旋門、ベルリン中央駅が配置され、南端はテンペルホーフ空港ターミナルビルまで延長する。これがゲルマニアのメインストリートとなる。

フォルクスハレを基点に、東西方向にも直線道路が計画された。東に延びるウンター・

デン・リンデン通りと、西側に延びるシャルロッテンブルガー通りを接続・一体化し、幅六〇メートル東西一・四キロの道路を造成する計画だ。ヒトラーとシュペーアは、この世界首都ゲルマニアの完成模型図を前に、きたるべきベルリン大改造を論議した。

一九三九年、ドイツがポーランドに侵攻したことで、イギリス、フランスがドイツに宣戦布告し、第二次世界大戦へと突入する。それからこの戦争はドイツ、イタリア、日本が同盟を組む枢軸国と、それに対抗する連合国との戦争となった。戦争遂行のため、ゲルマニア計画はしばらく棚上げとなった。ヒトラーの計画では、四五年までに世界大戦に勝利し、ヨーロッパを征服。その後五〇年に世界首都ゲルマニアを完成させ、博覧会を催す予定だったという。ドイツの敗北によってこの計画は未遂に終わるのだが、ソ連赤軍にベルリンが包囲されているなかでも、ヒトラーはゲルマニア計画の模型図を眺めていたという。

ゲルマニア計画の中心は二本の道路であった。それは都市交通の必要性からというのではなく、象徴的な意味をもたせた記念碑として、また、ドイツの偉大さを演出するスペクタクルの装置として設計される。

なぜ道路が記念碑となるのか。ここにはふたつの理由が考えられる。

第一に考えられるのは、道路が、ナチスの威力を示すもっともわかりやすい建造物であるということだ。

ナチスの威力というと真っ先におもい浮かぶのは、「突撃隊（SA）」や「親衛隊（SS）」などの私兵部隊である。ナチスは結成初期から準軍事組織を抱え、その暴力を背景に反対者を黙らせていった。

ナチスの威力として次におもい浮かぶのは、アウトバーンをはじめとする道路建設を担った「トート機関」である。

トート機関は、一九三三年に道路総監に就任したフリッツ・トートによって創設された機関である。この機関は、建設事業にかかわる行政各部門と、工事を請け負う業者、そして労働力を供給する「国家労働奉仕団」を束ねていた。わかりやすく言えば、トート機関とは、人夫出し業務をとりしきり、土木工事から軍需工場まで労働力を供給した機関である。世界大戦が始まってからは、国民の強制徴用、戦争捕虜や囚人の奴隷労働、政治犯とユダヤ人の強制労働を手配し、戦時体制を支える最重要部門となる。

トート機関の原点は、高速道路アウトバーンの建設事業である。一九三三年から三八年にかけて、ナチス政権は失業者対策事業としてアウトバーン建設を進め、経済不況からの克服を国民に印象付けた。このナチスの経済政策を下支えしたのが、トート機関である。道路建設はナチスの輝かしい実績であり、トート機関の原点なのである。ナチスは、SA・SSといった私兵部隊によって国民を恐怖させたが、同時に、トート機関による労働力の大量動員を見せつけることによって国民を畏怖させたのである。

ゲルマニア計画が道路を記念碑としたもうひとつの理由として考えられるのは、シュペーアの美学的立場である。

シュペーアは建築の美学的価値について〝廃墟価値の理論〟を唱えた。廃墟価値の理論

世界首都ゲルマニアの模型.
フォルクスハレより街路が南に延びる
(ドイツ連邦公文書館蔵)

とはどういうものか。それは、建築物の美とは、その建物が数千年先に廃墟となったときに、未来の人びとがそれを見て過去の文明の偉大さを感じとるようなものでなければならない、というものだ。古代ギリシャや古代ローマの遺跡が現代のわれわれに向けて放つような美を、建築美の基礎にしようということだ。

これは裏を返せば、建築物を、現代の利便性や美意識にそくしてつくることをやめる、ということだった。

当時は近代建築の黎明期にあって、数かずの発明がみられた時期であった。ドイツではバウハウスという建築学校を中心に、近代的な建材・工法、近代的な生活様式に基づく使用法を議論していた。

廃墟価値の理論は、こうしたモダニズムの試みに背を向けるものであった。モダニストの建築家たちが人間の新しい生活はどうあるべきかを考えていたときに、シュペーアはそうした問題設定を退けて、権力の威信と見栄えに特化した都市設計をおこなった。これはとても単純で、素朴で、こどもじみた感性に基づいている。巨大な建造物を見たとき、人は無条件に畏怖する。それをつくりあげた権力の大きさを想像し、ひれ伏す。フォルクスハレも、凱旋門も、ベルリン駅も、当時の技術水準ではけたはずれに巨大なものが構想された。誇大妄想癖のあるヒトラーは、この設計方針に大いに賛同した。

そして廃墟価値の理論に照らしたとき、都市の建造物のなかでもっとも不朽であると信じられたのは、道路であった。道路は朽ちることがない、と考えられたのだ。ゲルマニア計画が、道路を記念碑として位置づけたのは、その不朽性が信じられたからである。

それにしても、幅一二〇メートルの道路というのは、度がすぎている。もしもこの南北道路が完成していたら、ベルリンの街は完全にふたつに裂かれ、一体性を失ってしまっただろう。パリの放射状道路も幅が広すぎてひどいものだが、一二〇メートルというのはひどすぎる。この都市計画を見るだけで、ナチスがどれだけ人間を軽視していたかがわかる。

だがこの巨大化志向の都市計画は、ひとりナチスだけのものではなかったというのも事実である。またこれは枢軸国に限定した話でもなかった。世界の建築家・土木技師たちの一部には、巨大化を支持する傾向が根強くあったのである。彼らはジョルジュ・オスマンが設計したパリの放射状の都市計画を見て、不愉快さを感じるのではなく、むしろそれを美しいと賞賛したのである。日本の都市計画者たちも例外ではなかった。たとえば満州国・奉天の新市街地には、パリを真似て放射状の道路が敷かれていた。彼らはそれを無機質で不便と感じるのではなく、反対に、美しい街並みだと考えたのだ。名古屋の都市計画が、中心街に一〇〇メートル道路を刻みこみ、ほとんどゲルマニア計画のミニチュア版のような姿になってしまったのは、そうした時代背景のなかでのことだった。

名古屋市復興局の伊藤徳男《のりお》は、戦災復興都市計画を振り返って、自著でこう語っている。

名古屋の戦災復興事業が成し遂げた功績は巨大な公共空間（道路や公園など）の造成であった。栄を中心にして、半径一キロで画かれる都心の中枢部において、その面積の二分の一が公共空間で構成されていることは、他都市にも比類がなく、それらが市民の貴重な財産の結晶であることは大きな誇りでもある。

（『名古屋の街　戦災復興の記録』五頁）

一九二三年、関東大震災後の東京市の復興計画では無償減歩の割合は一割だった。四五年以降の戦災復興都市計画では、これが一割五分につりあがった。そして、名古屋の戦災復興都市計画では、三割五分へとつりあがっている。明け渡した土地のうち三割五分を無償で提供させる、これは〝減歩〟というよりも〝接収〟と呼ぶべき異常な事態である。名古屋市民は、空襲の被害にあったあとにもさらに土地の提供を要求され、前例のない大規模な立ち退きを求められたのである。

名古屋の都市計画者たちは、敗戦を経験してもなお枢軸国の美学を抱きつづけた。いや、むしろ敗戦を経験したからこそ、枢軸国的感性にこだわったのかもしれない。彼らは未遂に終わった帝国の夢のはけ口を、名古屋の都市改造にもとめたのだ。そうして、あのいまわしい一〇〇メートル道路が造成された。

すべての路地を自動車交通路に

名古屋の戦災復興都市計画は、二本の一〇〇メートル道路を中心に配置し、国道一九号線・二二号線・四一号線といった幹線国道を市内中心部に貫通させた。だが、もしも道路計画がこれだけならば、他の大都市と大きく変わるところはない。名古屋の復興計画の最大の問題は、すべての道路を自動車交通が可能な幅に設計し、それを市内全域で実現してしまったことである。このことを、伊藤は次のように書いている。

格子状に構成された幹線道路網に対応して、一般宅地に直接関係する区画道路が設計された。道路の幅員はすべて六メートル以上、一般的には八メートルとし、街角剪除（すみきり）がもうけられたが、被災を免れた区域で道路の拡幅が極めて困難な路線でも、少なくとも建築基準法で定められた幅員四メートルは確保された。このことはいかなる場所にあっても自動車交通を容易にし、火災時には消防車などの活動ができることを主眼とした。

（前掲書、一九六頁）

この設計の欠陥は、実際に名古屋を歩いてみればわかる。図面や航空写真を眺めているだけではわからない。実際にこの道路に身をさらして生活してみれば、どれだけ重大な欠陥をもっているか体感できるはずだ。

名古屋ではどんな路地を歩いていても、必ず自動車が進入してくる。しかも頻繁に、徐行しない自動車が進入してくるのである。大きな幹線道路を離れて路地に入ると、普通は緊張を解かれてほっとするものなのだが、名古屋の路地は緊張から解放してくれない。むしろ歩道の幅が確保されていないぶん、緊張が高まる。たとえば小さなこどもを連れて散歩をするなら、ずっと手を握りつづけていなければならない。母親たちは声を張りあげてこどもを叱りつけなくてはならない。大きな国道沿いではなく、細い生活道路であってもそうなのだ。

名古屋の戦災復興都市計画は、すべての生活道路を自動車道路に変えてしまった。息抜きのために街をぶらりと散歩するなどということは、不可能である。ここでは、歩くことは息抜きではなく、緊張の連続なのである。

転覆の恐怖と反動

名古屋は、近代都市計画がもっとも徹底された都市である。名古屋を訪れた旅行者が驚くのは、車道と歩道の広さ、規則的で均質な景観、それらの徹底ぶりだ。この都市改造は戦災によってさらに強化され、戦前・戦中よりも戦後において苛烈さを増した。なぜ、そうなったのか。なぜ大戦後の名古屋は、徹底した都市改造を被ることになったのか。理由はいろいろと考えられる。いろんな説明のしかたができるだろう。私は、敗戦直後の期間、一九四五年から五二年までの政治状況から、この都市改造の動機を考えてみたいと思う。

一九四五年の無条件降伏によって、日本政府は主権を失い、占領軍の統治下におかれた。この時期、日本は完全な無政府状態ではないが、無政府に近い状況が生まれた。民衆にとっては解放である。この無政府的で解放的な空間をもっとも体現したのは、労働者たちの新しい労働運動、「全日本産業別労働組合会議（産別会議）」であった。

敗戦直後、労働組合はふたつのナショナルセンターを形成していった。戦時中に合法団体として活動していた組合は、「日本労働組合総同盟（総同盟）」に集結した。戦時中に非合法化され活動を封じ込まれていた「日本労働組合全国協議会（全協）」系労働者は、産別会議に集結した。産別会議は、戦中の労働組合の流れと断絶した、まったく新しい労働運動であった。彼らはまったく新しい戦術、〝生産管理闘争〟を武器に、またたく間に組織を拡大し、労働組合の最大勢力へと成長していった。

生産管理闘争とは、生産するストライキだった。通常ストライキとは、労働者が生産活動を止めて経営側と交渉することだ。しかし敗戦直後の状況はまったく違っていた。労働組合は、経営側が事業を縮小しようとするのに抵抗して、生産活動を継続するという戦術をとった。労働者は生産設備を占拠し、自主管理工場にしたのである。この戦術は生産内容の変更を伴っていた。それまで兵器の部品を生産していた工場で、なべ・かま・ちゃぶ台やたんすといった生活に必要な日用品が生産された。産別会議は、軍需産業のための工場を占拠し、人間の生活のための工場に転換させたのである。この戦術は多くの人びとに支持される。なぜなら、戦時中の経済統制と空襲によって、日用品はとことん欠乏していたからである。その意味で、生産管理闘争はたんなる労働争議戦術を超えて、全民衆的な要求を直接に実現するものだった。産別会議が、敗戦直後の無政府的・解放的空間をもっともよく体現したというのは、彼らのとったストライキ戦術が大衆的な要求と見事に合致していたからである。

愛知県の産別会議は、金属・機器を中心に、国鉄・教職員・逓信など一二万人の組合員を擁する巨大組織に成長した。同じ時期、愛知県の総同盟は四万七〇〇〇人であるから、産別会議は数においても他を圧倒していた。しかも産別会議の中核は、金属・機器部門の労働者たちだった。豊和工業・愛知時計電機・大同製鋼（現大同特殊鋼）・岡本自転車自動車製作所・トヨタ自動車工業といった製造業部門の労働組合が、愛知産別会議の中核を形成したのである。

敗戦後、兵器生産はストップし、徴用・動員が解除されたことで、名古屋の人口は半減する。徴兵は解除され、軍事施設は占領軍に接収される。その政治的・軍事的空白のなかで、軍事産業都市は一転して自主管理工場の都市になる。若い労働者たちは、古い労働組合と決別し、生産管理という直接行動に出ることで、労働者の自治空間を構成していく。これは現在から振り返ってみれば、無政府的状況に生まれた一時的自治空間《Temporary Autonomous Zone》ということができるだろう。ファシズムの街は、労働者の自治空間に蚕食されていたのである。

当時の名古屋市長が、この事態を重大な脅威と感じたことは想像に難くない。オセロの盤上を占めていた白いコマが、次々に黒いコマにひっくり返されていく。名古屋は軍需産業の集積地帯であったために、生産管理闘争の衝撃を強く被ったのだ。

脅威を感じていたのは地方権力だけではない。旧秩序に慣れ親しんだ民衆は、ファシストの地金をあらわにし、反共主義へと傾いていく。産別会議が形成した無政府的・解放的・祝祭的な空間は長続きせず、反動の時代へと向かう。

西春日井郡新川町《しんかわちょう》（現清須市）にある豊和工業。

豊和工業の労働組合は、愛知産別会議をリードする強力な組合だった。そしてこの豊和工業労組のなかから、産別会議の反共主義派「民主化同盟（民同）」が生まれる。民同派は、組合を割って新しい組合をつくり、第一組合（産別会議）と第二組合（産別民同派）の争いへと発展する。豊和工業労組は、共産主義者と反共主義者が激突する舞台となる。中国で共産党軍と国民党軍が内戦を繰り広げていたころ、豊和工業では第一組合と第二組合との激しい闘争に突入していた。

第二組合の結成で勢いを得た経営は、攻勢に出る。経営は第一組合の一七人を解雇し、大規模な労働争議に突入する。第二組合は、第一組合の組合員を実力で工場から排除し、乱闘事件を繰り返すようになる。

一九四九年、占領軍愛知軍政部の指示を受けた警察は、労働争議への介入をはかる。豊和工業に派遣された五〇〇人の警官隊は、第一組合の組合員と支援に駆けつけていた産別会議あわせて一一九人を検挙した。この警察の介入・大量検挙をきっかけにして、第一組合は解体され、第二組合の民同派に吸収されることになる。豊和工業争議の敗北によって、愛知産別会議は劣勢に立たされ、解体に向かっていく。ここから反共主義の民同派が主導権をとるようになる。

一九五一年九月、朝鮮戦争が激しさを増すなかで、サンフランシスコ講和条約が調印される。連合国と日本との戦争終結、そして日本政府の主権回復を認めるものだ。この条約は、アメリカが主導し、ソ連邦と中国が欠席するなかでおこなわれたため、〝単独講和〟〝片面講和〟と呼ばれる。

日本政府の主権回復が決まったことで、警察・検察は本格的に息を吹き返した。一九五二年の名古屋は、大量政治弾圧の年になる。警察と公安検事の標的にされたのは、朝鮮戦争に反対する朝鮮人と、共産党であった。この年に愛知県下で起きた弾圧事件を列挙してみよう。

二月二〇日　大津《おおつ》橋事件　（名古屋市）
四月四日　岡崎職安事件　（一五人逮捕、岡崎市）

五月七日　愛知大学事件　（一三人起訴、豊橋市）
五月三〇日　金山橋事件　（七人起訴、名古屋市）
六月二〇日　豊橋職安事件　（被告一七人、豊橋市）豊橋自治労事件　（豊橋市）
六月二五日　ＰＸ事件　（被告一一人、名古屋市）中村県税事件　（名古屋市）
六月二六日　高田《たかた》事件　（被告二九人、名古屋市）
七月二日　民商事件　（名古屋市）
七月六日　広小路事件　（被告一二人、名古屋市）
七月七日　豊橋税務署事件　（被告九人、豊橋市）

そして七月七日の深夜、名古屋市中区大須通で、大須事件が起きる。

大須事件は、日本の「三大騒擾事件」のひとつに数えられる事件だ。

事件の舞台となった大須は、大須観音から万松寺にかけて商店が連なる名古屋最大の商店街である。この地域には仏具店や家具店、衣料品店をはじめ、現在では若者が集まる電気街でもあり、輸入雑貨、古着、韓流グッズ、アニメグッズ、さらにブラジル料理店やムスリムの食料品店など、多彩な店が軒を連ねる繁華街である。

大須観音の表参道を進むと、南北に延びる伏見通と東西に延びる大須通が交わる交差点、西大須にぶつかる。ここにはかつて大須球場があった。現在球場はなく、かわりにスケートリンクを備える名古屋スポーツセンターになっている。このスケートリンクは、フィギュアスケートの有名選手を何人も輩出したことで知られているが、大須事件の当時、ここはスケートリンクではなく野球場だった。大須球場は空襲後に急ごしらえでつくられた小さな球場だったが、プロ野球の公式戦がおこなわれる立派な球場だった。

七月七日の夜、大須球場では約一万人の大集会がおこなわれていた。集会は、ソ連邦・中華人民共和国訪問から帰国した社会党代議士・帆足計《ほあしけい》と改進党代議士・宮越喜助《みやこしきすけ》の報告会だった。両代議士は、中華人民共和国政府と総額六〇〇億円におよぶ日中民間貿易協定を約束して帰国していた。これは、ソ連邦、中華人民共和国との関係回復を進めると同時に、アメリカ主導の単独講和に傾く日本政府の勢を正そうとするものだった。

報告会終了後の深夜二二時、「朝鮮戦争即時停止」「単独講和反対」「日中貿易再開」のプラカードを掲げた群衆が、球場から大須通に繰り出していった。記録では、約三〇〇〇人のデモ隊が、大須通に繰り出していったという。警察は一〇〇〇人の武装警官を配備し、デモ隊を襲った。警官隊は、拳銃を乱射し、六尺棒で殴りつけ、一一七人を拘束。このとき警察は、半田商業高校の三年生であった申聖浩少年を背後から射撃。申少年は後頭部を撃たれて即死している。

名古屋の公安検事は、事件後さらに検挙をつづけた。朝鮮人団体・共産党・労働組合の幹部などにむけて逮捕令状を乱発し、朝鮮人二二三人と日本人一七〇人、総勢三九三人を検挙していった。

先述したように、大須事件はこの年に起きた三大騒擾事件のひとつに数えられている。三大騒擾事件とは、五月一日に東京で起きた血のメーデー事件、六月二四・二五日に大阪府で起きた吹田・枚方事件、そして七月七日の大須事件である。

三つの事件を比べたとき大須事件が特徴的であるのは、警察が圧倒的武力で制圧し、名古屋地裁が大量の有罪判決を出したことである。

大須事件では、デモ隊が球場を出て行進を始めた直後に、警察の武力に圧倒されている。まだなにもしていない段階、せいぜい警察車輌が一輌燃やされたというていどの段階で、警察は拳銃を乱射し少年を射殺しているのである。これは騒擾事件というよりも、警察による一方的な陵虐事件と言ったほうが正しい。

もうひとつは、大量の有罪判決が出されていることだ。血のメーデー事件でも吹田事件でも、検察は騒擾罪（騒乱罪）適用を争ったが、判決では棄却されている。東京と大阪では騒擾罪での有罪判決は出されていない。だが、大須事件では一五二人という大量の被告人が騒乱罪で起訴され、そのほとんどが有罪判決となっているのである。

第1章　1918 鶴舞

大須事件は、サンフランシスコ講和条約発効後の日本権力の回復をまざまざと見せつける事件となった。警察は圧倒的武力を見せつけ、公安検事と判事は、強権的な政治弾圧の判例をつくった。

中少年を背後から射殺した警察官は、法廷に立つことなく、行方をくらましてしまった。そして事件の翌年、大須球場はとり壊された。球場に接する伏見通は片側五車線に拡張され、巨大な交差点がのこった。

第2章
1965 小牧

国道四一号線

名古屋の都心部は、幅の広い道路が格子状に配置されている。この中心市街地から北に向かって延びる二本の幹線道路がある。

一本は、一宮市に向かう国道二二号線。栄の西側、伏見通から、ジグザグと折れながら西区を北上し、清須市、一宮市を縦断していく。

もう一本は、小牧に向かう国道四一号線である。栄から広小路通を東に進んでいくと、ひときわ広い片側三車線の道路と、頭上を走る高速道路の橋脚があらわれる。この南北の方向に延びている幹線が四一号線である。

この道路の特徴は名古屋をひたすら直線的に縦断していることだ。機会があれば自動車で走ってみるといい。南区の呼続《よびつぎ》あたりから小牧まで、約一時間、ひたすら直線道路がつづく。国道四一号線の頭上には、ずっと高速道路が並走している。鶴舞駅の南から東片端《ひがしかたはし》までは名古屋高速都心環状線、東片端から楠《くすのき》までは名古屋高速一号線、楠から小牧インターチェンジまでは名古屋高速一一号小牧線が頭上を並走する。

名古屋の中心市街地から国道四一号線を北上していくと、市街地を抜けたあたりで道は橋に向かって上り勾配になる。頭上の高速道路がすこしだけ脇に婉曲し、空がひらけてくる。庄《しょう》内川《ないがわ》にかかる新川中《しんかわなか》橋を渡ると、目の前の上空に楠ジャンクションが見えてくる。長い橋を渡りきると道路は下り勾配となり、楠の立体交差をくぐり抜けていくと、その先

小牧とその周辺

は小牧である。小牧に入ってまもなく、ジャンボ旅客機を描いた看板が見えてくる。ここから右手に曲がれば県営名古屋空港・航空自衛隊小牧基地がある。小牧基地に進まずまっすぐ直進していくと、右手に小牧山が見えてくる。小牧山には小牧城という城があって、ここは中世の終わりの「小牧・長久手《ながくて》の戦い」の際に、徳川軍が陣を構えたことで知られる場所だ。さらに道を進み、小牧山の反対側、道路の左手に曲がると、トラックターミナルがある。トラックターミナルは、日本通運・西濃運輸・ヤマト運輸など、大小の運送会社が集荷場を構える物流拠点である。トラックターミナルを過ぎてさらに車を走らせるとまもなく、名神高速道路・小牧インターチェンジがあらわれる。

国道四一号線は、名古屋市と名神高速道路を接続する幹線道路である。その整備計画は、高速道路が建設される以前、小牧基地の整備拡張と共に始まった。

一九四二年、陸軍は、名古屋北部に隣接する西春日井郡豊山村《とよやま》(現豊山町)の農地を接収し、陸軍飛行場を建設する。敗戦後、小牧飛行場は米軍に接収され、五〇年に始まる朝鮮戦争では米空軍の重要拠点となった。そして朝鮮戦争末期の五二年、小牧基地に隣接して三菱重工業小牧南工場が建設される。

三菱重工業の工場建設と同時に、防衛道路延長計画が発表された。計画は、名古屋の清《し》水口《みずぐち》から小牧基地・三菱重工業小牧南工場を結び、さらにまっすぐ北上して岐阜県各務原

左折

市にある岐阜基地・川崎重工業岐阜工場まで延長するというものだった。岐阜基地は日本に現存するもっとも古い軍用飛行場で、航空兵器開発の拠点である。名古屋空襲の際にも爆撃目標のひとつになっている。

防衛道路延長計画は、名古屋市南区の兵器工場と、小牧基地の三菱重工業、岐阜基地の川崎重工業を、一直線に結ぶことをめざしていた。完成していれば、全長二〇キロにおよぶ長大な道路計画だ。これは小牧基地の東側をはしる旧国道四一号線、現在の県道一〇二号線である。

その後、防衛道路計画はとん挫する。かわりに小牧基地の西側に新しいバイパス道路が造成された。バイパス道路は、軍用道路としての機能に加えて、高速道路に接続する産業道路としてつくられた。旧道よりもはるかに広い、片側三車線の幹線道路。これが現在の国道四一号線である。

小牧は工業都市として全国に知られているが、その歴史は意外に浅い。それは一九五〇年代の初期、朝鮮戦争の時期に端緒をひらき、六〇年代に急速に工業開発を進めていく。五〇年代に国道四一号線を造成、六〇年代前半に工場の移転が進み、六五年に名神高速道路が開通する。

小牧は一九五六年に工場誘致条例を制定し、六二年には誘致工場一〇〇社を突破している。人口三万七〇〇〇人の小さな町は、わずかな期間に急激に工場地帯に変貌したのである。それは、どういう時代だったのか。ここですこし回り道になるが、この時代を大きく規定する戦争の話をしよう。ベトナム戦争である。

ベトナム戦争の時代──道路をめぐる戦い

朝鮮戦争の休戦協定が結ばれたころ、もうひとつの戦争がひとつの区切りをつけていた。一九五四年、ベトナム軍は「ディエンビエンフーの戦い」でフランス軍を降伏させ、ジュネーブでの和平協定に臨む。ジュネーブ協定では、インドシナ戦争の停戦、フランス軍の撤退、ベトナム、ラオス、カンボジアの独立が確認された。ただし、ベトナムの主権は南北に分割され、北緯一七度線を暫定的軍事境界線とした。北緯一七度線以北はホー・チ・ミン率いるベトナム民主共和国政権に、一七度線以南は皇帝バオ・ダイが指名したゴー・ディン・ジェムの政権に、それぞれ委ねられることになった。

ジュネーブ協定では、停戦から二年後に統一選挙をおこなうこととした。第二次インドシナ戦争の発端は、南ベトナムのゴー・ディン・ジェムが南北統一選挙の実施を拒否して政権に居座り、アメリカがそれを支持したことから始まった。ここからアメリカは、ベトナムでの長い戦争に突入することになる。

一九五九年、南北統一選挙が実施されないことを受けて、ベトナム労働党は武力による南ベトナム解放戦争を決議。六〇年、南ベトナム解放民族戦線が結成され、南ベトナム領内でのゲリラ戦争を開始する。対する南ベトナム軍は、アメリカの軍事支援に依存しながら、ゲリラ掃討戦に入った。

アメリカ国務省はこの戦争を、インドシナの共産主義化を防ぐためとし、南ベトナムが共産主義化すれば周辺国に次々に波及するという〝ドミノ理論〟を唱えた。

第二次インドシナ戦争は、ベトナム人の独立と統一をかけた戦争であったが、同時にそれは、冷戦下における東西陣営の代理戦争という性格を帯びるものとなった。北ベトナムはソ連邦と中国の軍事支援を受け、南ベトナムはアメリカの軍事支援を受け、ベトナムは共産主義諸国と反共主義国アメリカとの代理戦争の舞台となったのである。

アメリカはこの戦争に大量の弾薬を投入した。米軍が南ベトナムで使用した砲・爆弾は、地上部隊で六八八万トン、空からは三二八万トンにのぼる。一九六五年に始まる北ベトナム領内への爆撃では一〇〇万トン、さらにラオス領やカンボジア領にも爆弾・ナパーム弾を投下している。米軍はこの戦争で総計一一〇〇万トン以上の弾薬を使用したのである。

ちなみに、日本で最大量の爆撃を受けた名古屋空襲では投下量総計一万四〇〇〇トンであったから、ベトナムではこの一〇〇〇倍弱の量の砲弾・爆弾・ナパーム弾が投入されたことになる。また、南ベトナムの地上戦において、米軍はヘリコプターを多用した。ジープやトラックに加えヘリコプターを使用していたから、日常的に消費される燃料は膨大なものになっただろう。ベトナム戦争は地理的には一国レベルでの戦争だが、政治的には東西陣営の代理戦争という性格をもち、投入された戦力・戦費は非常に大きなものとなった。

米軍は、朝鮮戦争で膨らんだ戦費を圧縮するために、また、アジアの反共諸国を束ねていくために、アジアでの装備品調達の見直しをおこなった。日本や東南アジアに駐留する米軍のトラックを、日本製に切り替えたのである。トヨタ自動車工業をはじめとする日本の自動車会社は、軍用トラックの大量受注を受けて、これを「ＡＰＡ特需」と呼んでいる。

当時トヨタ自動車工業は、月産一万台をめざして豊田市元町に大規模な工場を建設したばかりだった。同社は、この前のめりな生産計画が成功するか否かという時期に、米軍からもたらされたベトナム戦争特需に助けられている。

戦争を継続するための兵站構築は、北ベトナムにとっても要となるものだった。

北ベトナム軍は、南ベトナムで戦う民族戦線に物資を供給するために、専用の軍用道路を建設していった。通称「ホーチミンルート」である。この兵站線は、隣国のラオス領内の山間部を通り、南ベトナム領内へと通じていた。制空権は完全に米軍の手中にあったから、道路は上空から見えないように擬装され、輸送部隊は夜間に行動した。トラックのライトは片目を消して、バイクが走っているように見せかけた。道路をいくつも枝分かれさせて、バイパス道路とダミー道路を数多く建設した。米軍の爆撃を誘導するために、おとりになるダミーの橋を建設した。

このホーチミンルートの建設のために、北ベトナム軍は二〇万人の兵士を動員したという。米軍と北ベトナム軍との戦いは、この兵站線をめぐる攻防であった。爆撃されてはつくり、また爆撃されてはつくるという、道路建設をめぐる攻防である。

北ベトナム軍の戦略は、ソ連赤軍と中国共産党軍の戦略を融合させたものであった。彼らは、ソ連赤軍から飽和攻撃戦術を継承し、中国共産党軍から遊撃戦理論を継承していた。

飽和攻撃とは、敵の防御能力を上回る大量の攻撃を一挙に加える方法である。米軍との戦争に入る以前、ベトナム軍がフランス軍を降伏させたディエンビエンフーの戦いでは、敵を圧倒する大戦力を集結させ、飽和攻撃を加えて勝利している。

遊撃戦とは、ゲリラ・パルチザン戦争の基礎である。敵に把握されないように動き、敵の意表を突き、戦闘の主導権を保持しつづける、という方法だ。ベトナム軍を指揮したボー・グエン・ザップ将軍は、著書『人民の戦争・人民の軍隊』でベトナム軍の戦略思想を明らかにしているが、その内容には、中国共産党軍を指揮した毛沢東『遊撃戦論』との強い類似性が見られる。重視されるのは戦闘の主導性である。ベトナム軍は、戦術的には敗北しながら戦略的には勝利するという、立体的な戦争を展開した。

ホーチミンルートの建設は、上記ふたつの戦略思想を結合させたものであった。北ベトナム軍の戦略目標は、国境一七度線の攻防という小さなものではなく、南ベトナム全土を制圧・解放することである。そのための大戦力を投入するためには、太く強力な兵站線を構築しなければならない。しかしベトナムの制空権は米軍の手中にあって、公然と輸送をするわけにはいかない。そこで北ベトナム軍は、上空からは見えない秘密の道路を密林のなかに建設していったのである。敵の意表を突き、戦争の主導性を保持するための道路建設作戦である。

米軍は上空から枯葉剤を散布し、森林を枯らすことで、この秘密の兵站線を暴こうとした。だがこの作戦は焼け石に水だった。北ベトナム軍は、たまたま都合よくあった道路を利用していたのではない。彼らは明確な戦略目標をもって大量の工兵を投入し、なにもないところから道路を建設していたのである。森林を破壊されたら、また別のバイパス道路をつくるまでだ。破壊しても破壊しても、新しい道路がつくられ、増殖していくのである。

こうして、北ベトナム、ラオス、カンボジア、南ベトナムにまたがる長大な兵站線が建設された。気がつけば、南ベトナム領内には、見えない兵站線が何本も突き刺さっていた。南ベトナムの首都サイゴンは国境一七度線からもっとも離れた地点にあったが、カンボジア領をまたぐホーチミンルートが喉元まで迫っていたのである。

この戦争において、兵站の手段は鉄道輸送から自動車輸送に交代した。制空権を掌握していない北ベトナム軍にとって、鉄道はもっとも脆弱な輸送手段となってしまったからである。また、自動車輸送はゲリラ戦争の特性に適していた。

鉄道輸送が集約的であるのに対して、自動車輸送は分散的である。摩擦係数の小さい鉄輪が勾配を嫌うのに対して、タイヤは急勾配の坂道を上ることができる。鉄道が固定した路線を走るのに対して、自動車は不規則にルートを変更することができる。鉄道運行が固定した規則を構成するのに対して、自動車は柔軟な便宜主義を原則とする。鉄路が線であるのに対して、道路は網である。

道路は一本では終わらない。それは複数のバイパス道に増殖し、道路網となっていく。道路がもつこの自己増殖的性格は、戦争に限定したものでなく、平時においても一般的に見られる特性である。道路建設は、長期的・統一的な計画を必要とせず、便宜的で断片的な要請から造成することができる。それは俯瞰的な視点で見れば、竹林の地下茎が増殖するさまに似ている。全体を統括する中心をもたずとりとめなくひろがり、末節が幹となり、幹が末節になる。そうしてモータリゼーションの時代の都市計画は、統一された全体としての制御を失いながら空間を拡張していくのである。

ベトナム戦争の時代、兵站需要は大規模化し、国際化していた。アジアがふたつに分割された冷戦構造の下で、名古屋は西側陣営の兵站拠点のひとつになった。このことを端的に示す例は、当時の反戦運動の青年グループ「ベトナム反戦直接行動委員会(べ反委)」一の事件である。一九六六年一〇月、東京都田無市(現西東京市)にある日特金属工業(現住友重機械工業)の工場を襲撃したべ反委は、次に、名古屋に足を延ばし、清須市の豊和工業を標的にしている。豊和工業は、迫撃砲や戦車砲などを生産していたからだ。このとき豊和工業の警備体制は固く、工場設備に対する破壊活動は未遂に終わったのだが、べ反委の青年たちは、この時代のアメリカの兵站線のひろがりを正しく見ていた。彼らは名古屋の機械金属工業が、朝鮮やベトナムと密接な位置にあることを見ていたのである。

朝鮮戦争以後、日本はアメリカの軍事戦略の一部に組み込まれていた。北ベトナム軍が二〇万人の工兵を動員して密林に軍用道路を建設していたころ、日本ではアメリカ人土木技師の協力の下で高速道路の建設が始まっていた。一九五〇年代に急増したトラック輸送は、日本の道路を飽和状態にしていたからである。輸送は、鉄道から自動車へと質的な転換を迎える。日本の道路は、強力な道路網に向かって増殖を始めていた。

名神高速道路

名神高速道路は、日本で初めて建設された高速道路である。

第二次大戦後、建設省は神戸から東京までを結ぶ長大な産業道路を計画する。阪神、中京、京浜の三つの工業地帯を、強力な産業道路で結ぶ計画である。

この計画は、名古屋・東京間を東海道ルートにするか中山道ルートにするかで議論が分かれていた。東海道ルートは現在の東名高速道路、中山道ルートは現在の中央自動車道である。東海道を推す建設省と、中山道を推す国会議員とのあいだで、建設計画をめぐる議論は紛糾した。だが、名古屋以西のルートについては両者とも一致していた。そこで名古屋以東に先行して、名古屋・神戸間の建設が開始される。

一九五七年、日本道路公団（当時）はアメリカとドイツの技術者を迎え、神戸・小牧間一八九・五キロの建設を開始。世界銀行から敗戦国復興開発融資四〇〇〇万ドル（一四四億円）を受けつつ、八年をかけ工事を完成させる。貿易港神戸から、尼崎市、大阪府の豊中市、茨木市、京都、滋賀県の栗太郡栗東町（現栗東市）、八日市市（現東近江市）、岐阜県の不破郡関ケ原町、愛知県の一宮市、そして最後に名神高速道路の終点小牧に到達した。

一九六五年七月、名神高速道路小牧インターチェンジが開業する。

名神高速道路は、臨海部に集積していた工場を内陸部に向けて移転させる機能をもっていた。名神高速道路に沿って、豊中市、栗東町などが新しい工業地帯として形成されていく。愛知県では小牧が新しい工業地帯として浮上していく。


都市の拡張という現象について、社会学者のアンリ・ルフェーブルは、〝外破〟という比喩で表現している。外破とは、外に向かって破れていく爆発である。都市形成の初期には人口集積地にあった工場が、都市の外側に向かって移転を始める。都市は外側に向かって破れるように拡張していく。この外破の運動を牽引するのは、工場＝産業資本である。

外破と反対に向かっていく運動は〝内破〟、内に向かって破れていく爆発である。内破の運動を担うのは商人資本である。商人資本は人と物と情報の集積を強め、都心部に取引所、商社、オフィスビル、大型デパートなどを構築していく。

近世の時代、職人と商人は城下の町地でつつましく共存していたが、資本規模を拡大するにつれて、それぞれに反対のベクトルに向かっていく。職人＝産業資本は外破のベクトルをもって都市を拡張させ、商人＝商人資本は内破のベクトルをもって都心部への集積を強めていく。

名古屋は、商人資本が相対的に弱く、産業資本が圧倒的に強いという特徴をもっている。一九三〇年代の名古屋が中京デトロイト化構想を試みているように、名古屋経済界は産業資本の育成に力を注いできた。ここでは内破＝集積の運動が弱く、もっぱら外破＝拡張の運動が強く働いている。名古屋のこうした性格は、名神高速道路・東名高速道路・中央自動車道の完成によって決定的になった。

商人資本は大阪と東京に向かって集積を強め、密度の高い都市を形成していく。産業資本は、東京と大阪のあいだの回廊を埋めるように工場を建設し、「東海道メガロポリス」を形成していくのである。

このマクロな構図をふまえることで、名古屋について人びとが抱いている異様な印象を説明することができる。名古屋が「三大都市」のひとつに数えられながら、他の都市とはまったく異なった印象を与えるのはなぜか、という問題だ。それは、このマクロな都市構造のなかで名古屋がおかれている位置と性格のためである。

東京と大阪は、大都市として同じ俎上に乗せて比較することができる。しかし名古屋は違う。ここにあるのは高密度に集積する商人都市ではなく、外破のベクトルに乗って拡張していく産業地帯の連なりである。だからそもそも三大都市という言いかたが、誤解を招く表現なのだ。私たちが通常イメージする大都市の姿とは、商人資本によって人と物と情報が集積する都市であって、そういう都市の姿は、大阪と東京にしかない。都市というものをそのように定義するのなら、名古屋は都市ではない。ここは東海道メガロポリス工業

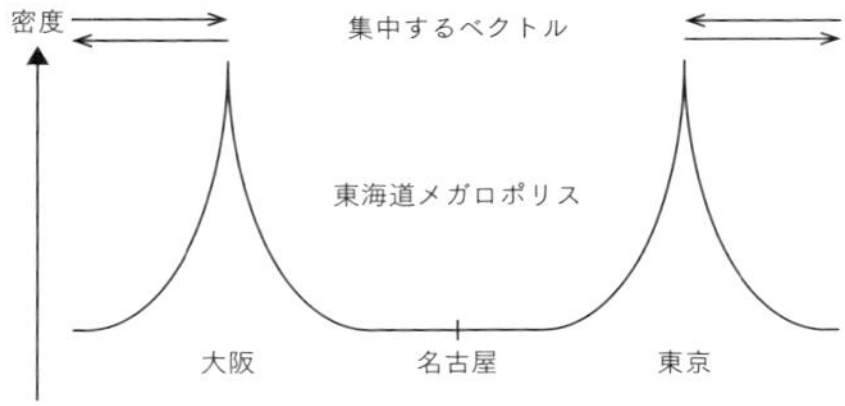

二大都市の集中と名古屋の位置

地帯の結節点のひとつにすぎないのである。

ところで、ここでまた話はそれるのだが、都市をめぐるイメージについて書いておこうとおもう。私たちは都市をどのようなものとして想像しているか。私たちは都市のどのような姿を見たときにそれを都市的とみなすのか。そして、どのような都市の姿がめざされているのか、である。

この問題を考えるために、この時代につくられたふたつのSF映画から都市の姿を取り出してみよう。ロシアのSF映画『惑星ソラリス』（一九七二年、アンドレイ・タルコフスキー）と、アメリカのSF映画『ブレードランナー』（八二年、リドリー・スコット）である。ふたつの作品はどちらも、当時想像された未来都市を印象的な姿で描いている。

『惑星ソラリス』で描かれる未来都市は、高速道路である。彼は長い時間をさいて高速道路の風景を映している。映像をよく見ると、東京の首都高速道路で撮影された映像だ。歩行者はなく、大量の自動車が高速道路を走っている。これが未来の都市である。タルコフスキーは、彼の想像する未来都市の姿に、高速道路をあてている。

『ブレードランナー』で描かれる未来都市は、超巨大ビル群とその隙間に軒を連ねる屋台である。舞台は二〇一九年のロサンゼルスという設定だが、ロスの移民都市としての性格が強調され、中国人や日本人が狭い路地にひしめきあっている。リドリー・スコットが想像した未来都市は、自動車が少なく、ほとんどが徒歩でごったがえしている高密度の都市である。

タルコフスキーが未来都市として描いた単調な空間を、都市社会学では〝イゾトピー〟と呼ぶ。対して、リドリー・スコットが描いたような複雑で混成的な空間は、〝ヘテロトピー〟と呼んでいる。イゾトピーは要素の少ない単調なパターンを繰り返す空間、ヘテロトピーは多様な要素がパッチワークのように結合した空間である。想像される未来の都市について、『惑星ソラリス』はイゾトピーとして描き、『ブレードランナー』はヘテロトピーとして描き、ふたつの作品は対照的な都市の姿を提示している。

タルコフスキーが未来都市を極端なイゾトピーとして描いたのはなぜなのか、その理由はわからない。彼が無機質な機械都市の姿を示すことによって肯定的な印象を与えたかったのか、それとも否定的な印象を与えたかったのか、これも正確にはわからない。ただ一九七二年当時のロシアは社会主義国であったから、商人資本が無秩序に集積するヘテロトピーを描くことは、はじめから選択肢になかっただろうとおもわれる。彼の描く未来都市は、単調で、貧しく、先鋭化した、逃げ場のないものだ。そしてこの都市の姿と対置するように彼が愛着を込めて映すのは、開発されていない村の小川・木立・穏やかな自然の風景である。

リドリー・スコットは、未来都市をヘテロトピーとして描いた。これはどこまで意図していたかは別にして、この作品が描く未来イメージの柱になっている。ここには未来の否定的なイメージ、貧困・犯罪・スラムを連想させながら、同時に、否定的であるだけではない都市への愛着が表現されている。リドリー・スコットは未来の都市を、無機質でよそよそしい機械都市ではなく、人間の生々しい触感・体温・喧騒を伴ったものとして表現している。この一見すると前時代的に見える都市の姿が、作品の主題であるヒューマニティをめぐる問いを補強するのである。

さて、人間は都市をどのようなものとして想像しているのかだ。私について言えば、ヘテロトピーの空間こそが都市だと考えている。こうした感覚はとくに変わったものではないだろうとおもう。私たちは単調なパターンの連続を自動車の座席から眺めるのではなく、複雑な街を歩きたいのだ。それも、自分の体を輸送するというしかたで歩くのではなく、歩いたり、立ち止まったり、たたずんだりしたいのだ。

リドリー・スコットが作品の冒頭に屋台を登場させているのはすばらしいとおもう。屋台のある空間こそが都市である。

屋台は街路線を侵食する。街路線とは、道路と建物の境界を設定した線のことで、建築線とも呼ばれるし、ドイツでは警察線と呼ばれていた。この街路線の設定が都市計画の要であり、街路線の遵守が街をイゾトピーに向かわせる元凶である。買い物客でにぎわう人気のある商店街を歩いてみるといい。誰も街路線を遵守していない。店の前の通路には大きなワゴンやハンガースタンドがおかれ、カフェの前にはテーブルと椅子が並べられ、さまざまな店が看板やのぼりや人形を通路に張り出している。スーパーの前には買い物客の自転車がずらりと並ぶ。そうして街路線が侵食されていくことが、街が賑わうということなのである。もしも商店街の店主たちが街路線を遵守したり、警察が取り締まったりしたらどうなるだろうか。通路は通行しやすくなるかわりに、なんだかがらんとした退屈な通りになってしまうだろう。

話がそれてしまった。

人間は都市をどのようなものとして想像したか、だ。

タルコフスキーは、日本の首都高速道路を見て、少なからず衝撃を覚えたのだとおもう。彼はそれを〝西側〟の珍奇な文明の姿と捉えるのではなく、自分たちの未来に重ね合わせた。この無機質で抑圧的なイゾトピーの風景は、〝東側〟のソ連邦にあってもおもいあたるものがあったのだ。彼はそうした都市の姿を、公然と批判することはしない。だが、内心はどうだっただろうか。繊細な映画人であるタルコフスキーが、首都高速道路の姿を見て無邪気に喜んだとはおもえない。彼は未来都市がもたらすイゾトピーにすこしだけ触れて、直後にそれに背を向けて、都市について考えることをやめている。かわりに、小川や木立のある風景に、ヒューマニティの足場を求めるのだ。

タルコフスキーが都市の不気味な未来を予感していたころ、名古屋は自動車社会に向けて突き進んでいた。彼が愛着をもって映した自然の風景は、自動車道路によって切り刻まれていった。とくに名古屋近郊はそうだ。穏やかな木立や川面の風景は残されている。しかし映画のような静寂はない。耳にはつねに自動車のエンジン音が響いている。トラックの車体がきしむ高音と、排気ブレーキの重低音が、自然の風景を覆いつくしていった。

名古屋の拡張と愛知用水

さて、新しい工業都市小牧を見る前に、もうすこし回り道をして、名古屋の拡張の全体像を紹介しておこう。

名古屋の地形は大きく三つに分けられる。中央の台地、西部の沖積地帯、東部の丘陵地帯である。

市の中心部は台地となっている。台地の南端に熱田神宮があり、北端に名古屋城がある。

近世に名古屋城が築かれたとき、この城の南側に格子状の町地がつくられた。現在の栄や伏見は、近世につくられた名古屋である。近代に入ると、名古屋はさらに南に向かって拡張されていった。JR中央線の沿線、金山、鶴舞、さらにその南へ、市街地が拡張していった。この名古屋中央の細長い台地は、一九二一年の市町村合併以前の名古屋である。

市の西部は庄内川が流れ、この川の両岸が名古屋の西側の輪郭をつくっている。庄内川のさらに西方には木曽川が流れ、愛知県と三重県の県境になっている。この地域は水に恵まれ、多くの水田をもつ農村だったが、一九二一年の市町村合併で、名古屋に編入された。名古屋の西部に位置する中村区、中川区は、広大な面積と人口を擁する市街地となった。中川区から南は、埋立地である。ここは戦前、戦中に大型工場が建設され、大工場地帯となった。

市の東部は丘陵地帯である。かつてここは、人家が少なく雑木林で覆われた地域だった。一九二一年の名古屋市編入以降、ゆっくりと住宅地がつくられていったが、開発が本格化するのは六〇年代以降である。名東《めいとう》区、守山《もりやま》区、さらにその東へと開発が進んでいった。瀬戸市、尾張旭《おわりあさひ》市、長久手市、日進《にっしん》市は、現在も住宅開発を進め人口を膨張させている。東部丘陵地帯は、現在の名古屋拡張のフロンティアである。

名古屋の拡張を考えるとき、見落とすことができないのは、一九五七年に始まる愛知用水の建設である。

愛知用水は、木曽川本流から尾張丘陵地帯を縦断し、知多半島の南端まで到達する全長一一二キロ（支線水路一〇一二キロ）の人工用水路である。取水口は岐阜県の可児《かに》市と加茂郡八百津町にまたがる兼山ダム。その水源は、長野県木曽郡王滝村、木曽町にまたがる牧尾ダム、木曽郡木祖村の味噌川ダム、岐阜県恵那《えな》市の阿木川《あぎがわ》ダムから水を得ている。

愛知用水の建設は、知多半島の水不足を解消する目的で始まった。それまでため池に頼っていた知多半島地域は、干ばつによる水不足に悩まされていた。一九四八年、知多半島の用水運動「愛知用水期成会」が、当時の首相吉田茂に陳情。吉田は、愛知用水建設を国の政策として進めていく。五〇年、国は世界銀行による敗戦国復興開発融資四八七万二〇〇〇ドル（一七億五四〇〇万円）を受け、同時にアメリカの土木コンサルタント会社に設計を発注。五五年、愛知用水公団を設立し、牧尾ダム（貯水容量六八〇〇万立方メートル）と用水路一一二キロの建設を開始した。そして六一年九月、総事業費四二二億円と五年の工事期間を経て、愛知用水が完成する。

兼山ダムから始まる用水路は、岐阜県の可児市を通り、愛知県の犬山市、小牧市、春日井市、名古屋市守山区、尾張旭市、瀬戸市、長久手市、日進市、みよし市、愛知郡東郷町にいたり、愛知池（東郷調整池）に注ぐ。さらに名古屋市緑《みどり》区、豊明《とよあけ》市と南下し、知多半島のつけ根にあたる大府《おおぶ》市、東海市、知多市に至り、佐布里《そうり》池（佐布里調整池）へ、そこからさらに知多郡阿久比《あぐい》町《ちょう》、常滑《とこなめ》市、知多郡美浜町と縦断して、終点の美浜調整池に到達する。

名古屋の西側を包み込む木曽川とちょうど対称をなすように、愛知用水は名古屋東部の

愛知用水の水路図
（「愛知用水事業平面図」水資源機構より作成）

丘陵地帯を縦断し、知多半島南端まで水を運ぶ。ただしこの長大な水路は、航空写真には写らない。水路のほとんどが暗渠となっているからである。

愛知用水が水を供給する地域は二〇市と九町。岐阜県の可児市、可児郡御嵩《みたけ》町《ちょう》、愛知県の犬山市、丹羽郡扶桑町、丹羽郡大口町、小牧市、春日井市、瀬戸市、名古屋市、尾張旭市、長久手市、日進市、東郷町、みよし市、豊田市、豊明市、大府市、刈谷市、高浜市、東海市、知多市、知多郡東浦町・阿久比町、半田市、常滑市、知多郡武豊町《たけとよちょう》・美浜町・南知多町、佐久島《さくしま》（西尾市一色町）である。この長大な水路は、農業用水として利用されるだけでなく、生活用水と工業用水にも利用されている。春日井市の山林を開発した「高蔵寺《こうぞうじ》ニュータウン」、尾張旭市、長久手市、日進市などの新興住宅地、豊田市の自動車工場、そして名古屋南部臨海工業地帯に工業用水を供給している。

名古屋の西部を流れる木曽川と対称をなすように、東部丘陵地帯を縦断する巨大な用水路が建設された。この用水路が供給する工業用水によって、名古屋南部臨海工業地帯が形成される。

名古屋南部臨海工業地帯は、知多半島のつけ根にあって伊勢湾に面している東海市、知多市にまたがる工場群である。

第2章　1965 小牧

天白川《てんぱくがわ》の河口から新舞子海水浴場まで約一五キロの海岸線に、総面積一八九四ヘクタールの埋立地が造成された。埋立地は北から「南一区」「南二区」（東海市）、「南三区」「南四区」（知多市）に区分され、それぞれに専用の埠頭がつくられた。ここに製油所・火力発電所・ガス・特殊鋼・セラミック・食品コンビナートなどの大工場が建設された。そのなかでも中心となるのは南二区に建設された東海製鐵（現日本製鉄名古屋製鉄所）である。東海製鐵は一九六一年に操業を開始。六四年に第一高炉を竣工、六七年には第二高炉を竣工する。戦前から進められていた名古屋一帯の重工業化は、この製鉄所の建設によって完成した。

一九六〇年代以降、名古屋市内にあった工場群は、急速に移転を始めていく。移転先は主に南北ふたつの方向に分かれていった。一方は名古屋市南区から東海市、知多市にいたる南部臨海工業地帯へ。もう一方は、小牧、春日井市などの内陸部であった。

伊勢湾台風

もうひとつ、触れておかなければならないできごとがある。

この時期の工場移転を後押ししたできごと。愛知県全域を襲い未曽有の大災害となった伊勢湾台風である。

一九五九年九月二六日一八時、和歌山県潮岬に上陸した台風一五号は、紀伊半島を縦断し、約六時間をかけて翌二七日〇時ごろ日本海に抜けた。上陸時の中心気圧は九三〇ヘクトパスカル、最大風速は秒速七五メートル、暴風域は半径三〇〇キロにおよぶ超大型台風であった。この台風は和歌山県、奈良県、三重県、愛知県、岐阜県に大きな被害をもたらしたが、なかでも愛知県と三重県の被害は甚大であった。紀伊半島を北上した台風は、伊勢湾に高潮を発生させ、これが満潮の時間帯と重なり、伊勢湾に面する三重県と愛知県は大洪水となった。

この夜、愛知県では広い範囲が停電し、電話も不通となった。二一時、電灯のない闇のなかで、多くの人びとが水に呑み込まれた。知多半島の東側、衣浦湾《きぬうら》に面した半田市では、流された船舶が海岸堤防を破壊し、沿岸住民約三〇〇人が一挙に濁流に呑まれ、約一〇〇人が死亡。名古屋の西側にあたる海部《かいふ》郡では、河川堤防の決壊によって洪水となった。愛知県下の堤防決壊は一二八地点、橋梁流出六〇、広範囲の浸水と道路損壊によって交通機能は麻痺した。

名古屋では南区、港区、中川区など市域の三分の一が冠水した。この冠水は河川堤防が修復されるまで、最長一か月ほど継続した。洪水は大量の流木と共に建物を破壊していった。この流木は、橋梁や家屋の残骸だけではなかった。堀川運河から名古屋港にかけて貯木場に浮かべられていた大きな丸太材が、洪水によって流され、市内を襲ったのである。

名古屋の台風被害は、人口と産業が集積する都市の脆弱さを印象づけるものだった。名古屋南部に大きく拡張した埋立地はすべて水浸しになった。もともと海抜の低い平坦な土地が、さらに工業用水のくみ上げによって地盤が低下していた。自動車道路は冠水し、まったく使えなくなった。上下水道が破壊され、被災者は飲み水にも困窮する状態に陥った。

愛知県知事は県下一一一の自治体に「災害救助法」を発動し、自衛隊の出動を要請した。道路が冠水した地域にヘリコプターを派遣し、給水・給食・消毒剤散布などの措置がとられた。

伊勢湾台風による名古屋の被害は、死者・行方不明者数一八五一人、罹災者数五三万一四四〇人、全壊家屋流出七七二三戸、床上浸水家屋三万四八八三戸、被害総額一二〇〇億円。臨海部に暮らしていた住民と、大小の工場群が大きな被害を受けた。

山崎川《やまざきがわ》の河口に近い南区浜田町《はまだちょう》に、浜田南公園という児童公園がある。一〇〇平方メートルほどの敷地の、本当に小さな公園である。名古屋市民はここを「くつ塚」と呼んでいる。ここは、伊勢湾台風の被害者たちの遺体が数多く流れ着いた地点である。遺体が履いていた靴や流されてきた靴を一か所に集めたところ、うずたかく積みあがり塚のようになったという。だからくつ塚である。浜田南公園には伊勢湾台風被害者の慰霊碑がつくられ、なかには一対の靴が納められているという。

内陸型工業都市の姿

一九六〇年代、名古屋市内にあった工場群は、南北二方向に移転していった。名古屋に隣接して新しい工業地帯が形成される。南の東海市と、北の小牧である。このふたつは同じ時期に形成されながら、その性格はすこし違っている。その違いをみてみよう。

東海市は大きな資本を投じてつくられた工業地帯である。専用の埠頭をもち、貨物船をつけることができる。ここで生産されるのは、重工業のなかでももっとも重い部類である。東海市の開発は、池田勇人内閣の「全国総合開発計画（全総）」を体現するものであった。全総がめざしたのは、すでに工業化している主要な都市を、重工業化させることだった。ここで想定されていたのは、臨海部の工業地帯である。茨城、千葉、神奈川、浜松、中京、阪神、広島、北九州に大きな資本が投下された。そうして全総は太平洋ベルト工業地帯を形成することになる。私たちがかつてイメージした〝工業地帯〟の姿は、この臨海工業地帯の姿である。臨海、高熱と煤煙、潮風でさびたダクト。東海市はそうしたイメージを体現する工業地帯である。

それに対して小牧はどうだったか。小牧は全総当時の想定をはずれ、工業都市の未来的な姿を示すものであった。

工業都市の未来的姿とはどういうことか。

ここで全総の歴史をざっと振り返りながら、開発の時期区分をしてみよう。

全総は、内閣が策定する開発計画である。根拠法となるのは、一九五〇年に制定された「国土総合開発法」。策定された計画案は、関係する省庁と審議会の検討を経て、閣議決定される。

全総は一九六二年の第一次全総から九八年の第五次まで、五つの計画が策定された。最初の全総は一九六二年、池田内閣が策定した。全総に先立って、池田内閣はその中心的な経済政策「国民所得倍増計画」を六〇年に閣議決定している。国民所得倍増計画とは、貿易の自由化、産業の重工業化、政府による積極的な開発投資、科学技術の振興などを軸として国民総生産を年率で九％上昇させ、一〇年以内に所得を倍増させるという計画だ。この所得倍増計画を実現するべく、全総は港湾・道路・工業化のためのインフラ整備を進めた。

全総は、全国一三の地域を重点的に開発すべき「新産業都市」と認定。また、六地域を「工業整備特別地域」に認定した。全総は当初、開発拠点を指定することで、太平洋ベルト地帯をバランスよく工業化させるという構想をたてていた。

しかし結果としては、関東と中京の工業地帯が肥大化し、産業と人口を集中させることになった。ちなみに、このとき名古屋は新産業都市や工業整備特別地域に認定されてはいない。しかし、四日市コンビナートや名古屋南部臨海工業地帯を得て、重化学工業化を飛躍的に推し進めたのである。

池田内閣の全総は、現在の日本の基本的な骨格をつくったものだと言える。このときから、大都市への人口集中、地方都市の過疎化という傾向が決定した。新産業都市の失敗、関東、中京への産業集中という課題は、その後の「新全国総合開発計画（新全総）」、「第三次全国総合開発計画（三全総）」にも引き継がれていく。

新全総は、一九六九年に策定された。この計画は国土利用の再編成と効率化をはかるとし、「豊かな環境の創造」を掲げたが、そのための主眼となったのは交通インフラの整備であった。新幹線などの鉄道・高速道路・空港を整備しようというのである。

新全総の理念を体現したのは、計画の三年後に総理大臣となった田中角栄である。一九七二年、田中は「日本列島改造論」を発表。全総の開発から漏れた地方都市にむけて、高速道路・高速鉄道・空港といった開発投資を進めようというものだ。そうして太平洋岸に集中した工業都市を、全国に分散させることをめざしたのである。田中はこの列島改造論を唱えて自民党総裁選を勝ち抜き、総理大臣になる。このとき以来、地方選出の国会議員は、土地開発利権に絡む汚職を常態化させることになる。

全総、新全総につづく三全総は、一九七七年に福田赳夫内閣で閣議決定された。翌年、総理大臣に就任した大平正芳は、三全総に重ねて「田園都市構想」を唱える。この構想は、職と住がバランスよく配置された地方都市の形成をめざす、というものだ。田園都市構想は、巨大化した都市に対する反省、大規模開発計画からの揺り戻し、と言えるかもしれない。また、自民党政治の文脈で見れば、これは、社会党・共産党による革新自治体運動への対抗と見ることができる。全総以後、都市はかつてないほど巨大化し、保守政治をゆるがす新しい勢力を形成していたからである。

一九八七年、「第四次全国総合開発計画（四全総）」が策定される。これは全総の歴史のなかで異例と言えるものだった。それまでの全総は、大都市集中を抑制し地方に開発投資を振り向けることが大前提であった。しかし四全総は、地方都市開発ではなく、東京の再開発を推し進めた。なぜそういうことが起きたのか、詳細は第三章で述べようとおもう。

第五次にあたる全総は、一九九八年に閣議決定された。この計画は全総という名を廃して、「二一世紀の国土のグランドデザイン」という名称になっている。計画の根拠法となっていた国土総合開発法は名称が変更され、「国土形成計画法」となった。

私見を言えば、全総は、四全総で終わっていた。

二一世紀の国土のグランドデザインは、さまざまな課題をすべて盛り込んで、結局なにに力点をおくものなのかわからない計画である。ある場面では〝防災〟を掲げ、また別の場面では〝観光〟を掲げ、そのときどきに機会主義的に計画を提示するようになった。

さて、全総の変遷を見ながら、ここでもうひとつ書いておかなければならないのは、工業化の質の転換である。

この転換は一九七〇年代後半にあらわれ、三全総、田園都市構想の時期に政策に反映されることになる。八三年の「高度技術工業集積地域開発促進法（テクノポリス法）」の制定である。これは、新産業都市のような重化学工業開発にかわって、先端技術工業を集積させる工業拠点開発、たとえばアメリカ西海岸のシリコンバレーのような工業都市をめざしたものだ。

全国のテクノポリス指定地域・26か所
▼北海道
道央地域
函館地域
▼東北地方
青森地域
北上川流域地域（岩手県）
秋田地域
仙台北部地域
山形地域
郡山地域（福島県）
▼関東地方
宇都宮地域（栃木県）
▼中部地方
信濃川地域（新潟県）
富山地域
甲府地域（山梨県）
浅間地域（長野県）
浜松地域
▼近畿地方
西播磨地域（兵庫県）
▼中国地方
吉備高原地域（岡山県）
広島中央地域
宇部地域（山口県）
▼四国地方
香川地域
愛媛地域
▼九州地方
久留米・鳥栖地域（福岡県、佐賀県）
県北国東地域（大分県）
環大村湾地域（長崎県）
熊本地域
宮崎地域
国分隼人地域（鹿児島県）

全総の時期の拠点開発は、臨界工業都市の姿をめざし、これを新産業都市と呼んだ。たとえば北海道の室蘭市、苫小牧市のような工業都市である。

それから二〇年後、三全総の拠点開発モデルは「テクノポリス」になった。テクノポリスは、新産業都市のような大きな資本投下を必要としない。貨物船をつける港を整備する必要はないし、電力や工業用水も大量である必要はない。テクノポリスに必要なのは、トラックを走らせる自動車道路と、まとまった安い土地、それだけである。この時期、すでに全国の自動車道路は整備されつつあった。テクノポリスは自動車交通の分散的性格を反映し、全国の自治体が指定を求めることになった。

テクノポリスに指定された地域は全国二六地域。これだけの地域がテクノポリス開発に名乗りをあげたのである。

東海市は新産業都市に指定されていないが、結果として新産業都市の典型的な姿を実現した。そして小牧は、テクノポリスが構想されるずっと以前にテクノポリスを実現していた。小牧は一九六〇年代の全総の時代にあって、その二〇年後にあらわれる新しい工業都市の姿、自動車道路に依拠した内陸型・技術集約型工業都市のひな型を形成したのである。

不可視化する工業

技術集約型工業地帯の特徴は、不可視性である。

まず外観を見ただけではなにをつくっているかわからない。その建物が倉庫なのか、工場なのか、それとも研究所なのか、外観では判別できない。会社の表札を見てそれが工場だとわかっても、内容までは理解できない。ここでつくられているのは、鉄やセメントや紙といった一般的に知られている製品ではない。技術集約型産業は、特殊な製品をつくるのである。だから、「この工場では四軸のマシニングセンタを組み立てています」と紹介されても、素人にはその製品の姿を想像することすらできないのである。

そしてもうひとつの特徴は、立地の自由さである。技術集約型産業は大量の水を必要とせず、大量の電力も必要としない。港や運河を必要とせず、すべてトラック輸送でまかなえてしまう。この種の工場は、まとまった安い土地があるだけで立地できてしまう。内陸型・技術集約型工業は、なぜその土地にその工場があるのかという文脈を構成しないのである。地理的にも歴史的にも文脈をもたないということが、産業の不可視性をさらに強めることになる。

技術集約型産業の不気味さを人びとに知らしめることになったのは、一九九九年に発生した東海村JCO臨界事故である。

一九九九年九月三〇日、茨城県那珂郡東海村にあるJCOの核燃料加工工場で臨界事故が発生した。臨界とは、核物質の分裂が連鎖し持続する状態のことである。通常は閉鎖された原子炉容器の内部で発生させるべき核分裂連鎖反応が、なんの遮蔽もない核燃料工場で発生してしまった。臨界状態になった核燃料は大量の中性子線を放出し、周囲にいた六六七人の人びとが被曝した。被曝被害にあったのはJCOの従業員だけでなく、近隣の工場で作業をしていた別の会社の従業員も被曝させられた。彼らは向かいの核燃料工場でなにが起きているのか知らされないまま、目に見えない中性子線を浴びせられたのである。

のちの調査によって判明したのは、JCOが非常に危険な実験作業をおこなっていたことだった。それはJCOが、というよりも、発注者である動力炉・核燃料開発事業団（動燃、当時）と監督する科学技術庁（当時）が、JCOに強いたものだった。細かい話は長くなるので省いてしまうが、要約するとこうだ。動燃はこれまでにない新しい品質の燃料をJCOに発注した。しかし、その燃料を生産するための技術を提供しなかった。JCOは、既存の生産設備で、まったく新しい要求に応えなければならなかった。JCOの従業員は既存の設備を使って、危険な試行錯誤を試みた。このとき核燃料工場は、設備と技法が定まった工場ではなく、核物質の実験室になってしまったのである。この危険な実験作業は、動燃や科学技術庁の技官たちが予見すべきことだったが、彼らはJCOの現場従業員にまかせっきりで、本来必要な技術提供をしなかったのである。

JCO臨界事故は、国際原子力事象評価尺度（INES）で、「レベル4（事業所外への大きなリスクは伴わない事故)」と評価された。実際には事業所外の近隣住民が被曝させられているのだが、彼ら近隣の被曝被害は「大きなリスクは伴わない」という扱いで片づけられてしまったのである。

おそろしいことだ。

臨界事故もおそろしいが、この事故評価はもっとおそろしい。

東海村で生産された核燃料は、トラックに乗せられ、高速道路で輸送される。高速道路の沿線住民は、まぢかにプルトニウムが通過していることを知らされないし、仮にこのトラックが事故を起こしても、「大きなリスクは伴わない」で片づけられてしまうことになる。

話を小牧に戻そう。

国道四一号線、青山下屋敷《あおやましもやしき》交差点から、県営名古屋空港を示す青看板の標識にしたがって東に入る。目の前にあらわれる灰色の巨大な建物は、三菱重工業である。信号を渡った先で、小さな橋を渡らずに左折して、堤防の道を走る。この小さな川は大山川《おおやまがわ》という。川の対岸には灰色やクリーム色の大型工場が並ぶ。三菱重工業の航空機工場だ。工場群の最奥に、宇宙航空研究開発機構(JAXA)の建物が見える。大山川の堤防はここでとつぜん滑走路のフェンスに遮られ、川は滑走路下に消える。つきあたりを左折して、滑走路沿

第2章　1965 小牧

いの道を北上していく。

延々と続くフェンスと、その向こうにひろがる白い滑走路。小牧基地の滑走路全長三・五キロのうち、大山川から北側の九〇〇メートルは、一九五〇年代に拡張された部分だ。当時この基地を接収していた米軍は、ジェット機の離着陸に対応させるべく、滑走路の拡張工事を強行した。小牧の農民に拡張工事が通告されたのは五五年。同じ時期に、立川、新潟、横田、木更津の空軍基地で、滑走路拡張工事が通告された。立川では激しい反対運動が展開され、これは「砂川闘争」として全国に知られている。小牧の拡張工事では、上《かみ》小針《おばり》、市之久田《いちのくた》、小針巳新田《おばりみしんでん》、多気《たき》、入鹿出新田《いるかでしんでん》の農民が拡張反対運動を展開した。

延長された滑走路の北端には、「エアフロントオアシス小牧」という公園がある。この公園は、反対派の農民がこれ以上の拡張をゆるさないという決意で、滑走路北端をブロックするかたちでつくったものだ。エアフロントオアシス小牧には、小高い丘がつくられている。とても見晴らしのよい丘だ。この丘に立つと、前面に小牧基地滑走路、背面に小牧城と城下の市街地を一望することができる。そして鋭い爆音を響かせながら軍用機が頭上をかすめていく。

二〇一一年、国は、愛知県、岐阜県を中心とした中部地域に「アジアＮｏ・１航空宇宙産業クラスター形成特区」を指定した。これは小牧基地・県営名古屋空港一帯におかれたＪＡＸＡを中心に、研究開発を促しアメリカのシアトルやフランスのトゥールーズのような航空機産業拠点をつくる、という構想だ。岐阜基地と小牧基地の周辺空域は、航空機開発の実験場になる。周辺住民としてはまったく歓迎できない。

ここにさらに影を落とすのは、二〇一三年に強行採決された「特定秘密保護法」である。特定秘密保護法は、防衛装備に関する情報を、「特定秘密」に指定することができる。この秘密指定が拡大解釈・運用されることで、市民の情報開示請求や報道機関の取材活動は、著しく困難になってしまう。航空機メーカーは米軍との連携を強めるが、そこでなにが研究されどんな実験が行われるのかは、特定秘密の壁で遮られ、見えなくされてしまうのである。私たちは自分の頭上になにが飛んでいるのか、正確にはわからない。頭上をかすめる軍用機の正体を知ることができない。近隣の工場で爆発事故が起きても、それが防衛関連工場であれば、事故原因の究明は困難を極めるだろう。

小牧は平坦な台地がひろがる見晴らしのよい土地だが、本当は見えないものがたくさんあるのだ。

モータリゼーションの社会的効果

さて最後に、モータリゼーションが社会に与えた効果について言及しよう。モータリゼーションによって日本社会がどのように変化したのかをイメージするために、三つの身近な事例を紹介したいとおもう。

三つの事例とは、トラック野郎、勝田清孝事件、口裂け女伝説である。

▽事例Ａ　トラック野郎の交通戦争

映画『トラック野郎』（鈴木則文監督）は、一九七五年に東映が製作したコメディー映画である。この作品は当初の予想に反して大ヒットし、七九年までシリーズ一〇作品が製作・公開された。この作品は、派手な看板と電飾で飾りたてた「デコトラ」を世にひろめ、デコトラブームを起こした作品でもある。

『トラック野郎』の主人公、菅原文太が演じる〝一番星・桃次郎〟と、愛川欽也が演じる〝やもめのジョナサン〟は、白ナンバーのトラック運転手である。

白ナンバーとはどういうことか、すこし説明しておこう。

貨物トラックのナンバープレートは二種類あって、緑ナンバー（緑地に白字）と、白ナンバー（白地に緑字）がある。運送業として認可されている法人のトラックは、緑ナンバーが貼られている。これは完全に合法的な運送業のトラックである。それに対して白ナンバーは、自分の会社の荷物を運ぶための自家用トラックに貼られる。これは本来、運送業に使用してはならない種類のトラックである。白ナンバーのトラックは、他人の荷物を預かって運送代金を受け取ってはならないのである。つまり白ナンバーの運送業というのは、国の認可を受けていない、〝もぐりの運送業〟ということになる。

国は、運送業の認可をつうじて、トラック運送の供給体制をコントロールしようとしてきた。貨物需要に対して運送業者が供給過剰になれば、過当競争によって運賃のダンピングが発生するだろうし、運転手の労働条件は劣悪なものになっていくだろう。そうした混乱を避けるために、国は運送事業者の認可に一定の条件を設けて、零細業者の参入を制限したのである。しかし、一九五〇年代の経済成長は貨物需要を急激に増加させ、鉄道貨物の輸送量をはるかに上回ってしまった。トラック輸送の需要は右肩上がりに上昇し、それに伴ってもぐりの運送業も増加していった。

問題にさらに拍車をかけたのは、一九七〇年代初期の不況である。貨物需要の急速な落ち込みによって、大手運送業者は大規模な人員整理をおこなった。会社から解雇されてしまった運転手たちは、どこへ行けばよいのか。もぐりの運送業者はさらに増えていった。そうして合法的な運送業である緑ナンバーの世界とは別に、脱法的な白ナンバーの世界が形成されていった。

白ナンバーの世界は、自由であると同時に、脱法的で、なかば無法状態である。過積載、速度違反、休憩をとらない長時間の連続運転、あるいは覚醒剤。景気変動のしわよせをくらった運転手たちは、解放的であると同時に刹那的でもあるような、独特のアウトロー文化を形成していったのである。

映画『トラック野郎』はスピードの映画である。見せ場となるのは、スピード違反、ライバルとの一対一のレース、警察の検問の突破、パトカーとのカーチェイス。観客は劇中で描かれるスピード違反に共感し、魅せられていた。

こどもじみている、と言えばそれまでの話だ。しかしこのスピードへの執着は、動かしがたいものがある。これは、なんだろうか。

劇中では、警察に違反切符を切られたトラック野郎が、いろいろな理由づけをしている。いわく、配達時間に間に合わなければ荷主に怒られる、そうなれば自分たちは飯を食っていけないんだ、と。たしかに身分の不安定な白ナンバーの運転手には、そうした事情があったかもしれない。だが観客が共感を寄せたのは、そういう業界事情の問題ではない。観客が共感したのは、スピードをめぐるもっと一般的な衝動、トラック野郎も一般のドライバーも共通して抱えている、スピードへの衝動である。

自動車の速度に関して、アメリカ大陸の思想家イヴァン・イリイチは重要な指摘をしている。それは自動車の速度の算定方法をめぐる問題である。

速度とは時間当たりの移動距離である。移動距離Aを、移動時間Bでわって、A／Bが速度となる。自動車のスピードメーターに表示される速度は、このA／Bである。

ここでイリイチは、この移動時間Bについて検討を加える。移動時間はBではなく、もっと時間がかかっているのではないか、と。彼の試算によると、一九七〇年代当時のアメリカの平均的労働者は、自動車の購入費用と燃料代のために、年間労働時間の三分の一を費やしていた。自動車を所有し、維持し、走らせるために、その費用を稼ぐべく膨大な労働時間を費やしているのだ。ただ移動するという目的のために、大変な時間をかけているのではないか、と、イリイチは言う。

スピードメーターに表示される速度A／Bは、名目上の速度にすぎない。自動車の実質的な速度を算定するならば、年間移動距離（A）／年間移動時間（B）＋自動車にかかわる諸費用を稼ぐために費やした時間（C）、A／（B＋C）という式になる。

さて、ここから問題となるのは、時間Cである。Cは、自動車にかかる費用そのものではなくて、費用を稼ぐために使われた時間である。たとえば二人の人間が、同じ価格の自動車と燃料の代金を支払ったとして、そのために二人が費やさなければならない時間Cは、まったく同じというわけではない。時間Cの値は、それぞれがどのような所得水準にあるのかにかかわってくる。かりに車輌代金が二〇〇万円だったとして、それをたったのひと月で稼いでしまう人間もあれば、三年かかってもまだ支払いきれないという人間もある。所得水準が高ければ時間Cは小さくなり、所得水準が低ければ時間Cは大きくなる。したがって、自動車の実質速度A／（B＋C）は、その人間が属している階級・階層・所得水準を如実に反映したものとなる。自動車は、金持ちであるほど速く、貧しい者であるほど遅いのだ。これは実際に計算してみればよい。自動車の実質速度が、自転車の時速二〇キロを下回ってしまう人間は、ざらにいるのである。

貧しい者は、大きなハンデを背負って走っている。このことは通常はあまり意識されないが、かわりに、スピードへの衝動となってあらわれる。貧者はハンデを解消するために、つねにアクセルを踏み込んでいかなければならない。貧しい者や若年層がスピードへの衝動に駆りたてられるのは、彼らが相対的に大きなハンデを背負っているからなのである。

スピードへの衝動は、この時代の人間の一般的な性向、一般的な習慣になっていた。映画『トラック野郎』は、スピードへの衝動を臆面なく表現したことで、モータリゼーションの時代を描く代表的な作品になったのである。

もうひとつ、『トラック野郎』の世界観を特異なものとしているのは、速度に関する信念である。

『トラック野郎』は、速度に関してひとつの信念をもっている。それは、高速道路や幹線道路を走るよりも、山間の裏道を走ったほうが速い、という信念だ。この信念は、物語のラスト、桃次郎がマドンナのために疾走する場面であらわれる。一分一秒をあらそうラリーとなった走行で、桃次郎は必ず山道を走るのである。幹線道路を離れて、誰も走らないような道を走る。ときには道路ですらないような森のなかを走る。そうしてそのことで、不可能とおもわれた短時間での移動を実現するのである。

これはファンタジーと言えばファンタジーである。たいていの場合、整備された太い幹線道路を走ったほうが速いに決まっている。だが、桃次郎はそんなものに身を預けることはしない。彼の見せ場は山道だ。彼はまるで山岳ゲリラのように、誰も通らない山道を行くのだ。

自動車専用に整備された道路や、警察によって管理されている道路を避けて、誰にも管理されていない山道を突き進んでいく。ここでは管理・整備された道路と、自動車の速度とは、対立する関係として描かれている。管理に対する抵抗が、トラック野郎の速度の条件になっているのである。

このことを、同じ時期に公開された映画『新幹線大爆破』(佐藤純彌監督)と比較してみよう。『新幹線大爆破』は、『トラック野郎』と同じ一九七五年に、同じ東映で製作された映画である。

この作品は題名のとおり、新幹線を舞台にしたサスペンス映画である。といっても、主要な舞台となるのは新幹線車輛そのものではなく、運行を管理する中央管制室である。中央管制室は、最先端のコンピューターによって、東京から福岡までを走るすべての新幹線を管理・制御している。ここでは、高度な一元的管制システムが、新幹線の速度の条件であり、心臓部である。物語では、犯人たちが管制システムの弱点を突き、国鉄を脅迫する。犯人はたった一個の小さな爆弾で、鉄道組織全体を翻弄していく。『新幹線大爆破』は、鉄道という集約的交通システムが、東京から福岡までの広大な領域を一元的に管理している様子を描いている。ここでは高度な管理が速度の条件であることを認めつつ、その事実がもつ不気味さと不安を描いているのである。

これに対して、『トラック野郎』はどうか。『トラック野郎』は、『新幹線大爆破』がもつシリアスで生真面目な問題意識をはずれて、まったく反対の方向から速度を捉えている。トラック野郎たちは、管理されないほうが速い、というのだ。彼らは、交通システムが自明視していた速度と管理の関係を、反転させる。そして自動車交通のもつ分散的な性格をさらに強めて、自由《アナーキー》な走行を追求していくのである。ここには、モータリゼーションの時代にあらわれた、ひとつの信念が表明されていると言えるだろう。近代に構築された鉄道が、法を遵守する交通網であるのに対し、自動車道路は、脱法と規則違反の交通網である。鉄道の運行が法維持的・警察的であるのに対し、自動車は法措定的・軍事的に疾走するのである。

モータリゼーションの時代にあらわれたスピードへの衝動と信念は、社会に甚大な被害をもたらした。それは、多くの歩行者を殺害し負傷させる「交通戦争」と呼ばれるものになっていた。

朝鮮戦争以降の景気拡大に伴って、日本のトラック輸送は拡大し、交通死亡事故件数はうなぎのぼりに上昇した。一九六〇年には、全国の年間死亡者数が一万二〇〇〇人を突破。その後、トラックに加えて乗用車が普及したことで、七〇年には、死者一万六七六五人という最悪の状態をむかえる。そうして六〇年から七五年までの一五年間で、累計約二二万人の死者を生みだしていた。ちなみに、ベトナム戦争における南ベトナム軍側の戦死者は

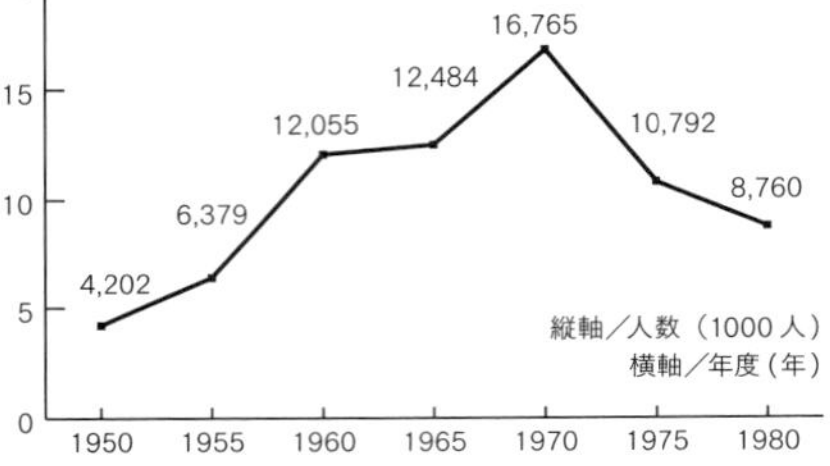

1950年から1980年までの交通事故死者数
（「平成30年中の交通事故の発生状況」警察庁交通局より作成）

累計で二八万五〇〇〇人である。この時期日本では、ベトナム戦争と比較できるほどの膨大な死者が生まれていたことになる。これが交通戦争の最初の山、第一次交通戦争である。『トラック野郎』が公開された一九七五年は、交通死亡事故件数が減少に向かい始めたころである。とはいえ、この年も一万人以上の人びとが交通事故に巻き込まれて命を失っている。だから、当時の警察庁や運送業界が、『トラック野郎』の内容を強く批判しているのは、当然のことである。当時の映画評論家たちも、『トラック野郎』にはまったく触れていないか、批判的である。この映画をよいといった評論家はひとりもいない。ただ観客だけが、この映画に喝采をおくったのだ。スピードを礼賛する大衆が、『トラック野郎』を大ヒット娯楽映画に押し上げたのである。

おそろしいのは、人びとが死亡事故に慣れてしまったことだ。自動車に巻き込まれて人が死ぬことは、日常的なこと、よくあることになってしまった。そんなことにいちいち心を痛めていたのでは、自動車になど乗ってはいられない。だから、今日ニュースで報道された死亡事故は、明日には忘れなければならない。

名古屋から東南方向に向かって延びる飯田街道＝国道一五三号線にのって車を走らせていく。日進市、東郷町、みよし市を過ぎて、豊田市の中心市街地に到達すると、矢作川《やはぎがわ》にかかる大きな橋があらわれる。この橋の手前で左折して、川に沿う堤防の道を北上していく。川の対岸に見える巨大なドームは豊田スタジアム。Ｊリーグの名古屋グランパスエイトのホームスタジアムだ。矢作川をさかのぼるように三キロほど走っていくと、堤防上の道路は市街地に入り、豊田市越戸町《こしどちょう》（旧西加茂郡猿投町《さなげちょう》）に入る。住宅や商店の並ぶ古い街道を走るとまもなく、頭上に横断歩道橋があらわれる。横断歩道橋の左手には、越戸こども園という保育園がある。こども園のとなりにある神社に車を停めさせてもらって、すこし歩いてみよう。ここは、第一次交通戦争の記録にのこる最悪の事故現場、「猿投ダンプ事故」の現場である。一九六六年一二月一五日午前八時五〇分。この地点に一時停止をしていた小型トラックに、八トンの砂利を積んだ大型ダンプカーが背後から衝突。二台の車は、歩道にいた保育園児ら約五〇人の列に突っ込み、園児一〇人と保育士一人、あわせて一一人の命を奪った。大型ダンプの運転手は居眠りをしており、ブレーキをかけない状態で園児の列に突っ込んだ。ダンプになぎたおされた園児らのうち、七人は即死、搬送後に四人が死亡、二二人が重軽傷を負った。おびただしい流血と、痛みに泣き叫ぶこどもたち、絶命し動かなくなったこども、散乱した靴、帽子、かばん。これは比喩ではなく、文字どおりの戦争である。これは講和も停戦もない戦争だ。こどもたちが死の恐怖に怯えていても、トラック野郎の視界には入らない。アクセルを踏み込み、生活道路に侵入し、最速をめざす。モータリゼーションは人間の暮らす空間を戦場に変えてしまったのである。

猿投ダンプ事故は、当時の国会でとりあげられ、ダンプカーに対する規制強化が論議さ

豊田市越戸町
Kosido Cho Toyota City

れた。児童への交通安全教育が強化され、現場には横断歩道橋とガードレールが設置された。越戸こども園の壁には、事故で亡くなった園児らの慰霊碑がいまも遺されている。

▽事例B　勝田清孝事件――広域化する犯罪

勝田清孝事件は、一九七二年から八三年までの約一〇年間に、近畿・東海地方で八人が殺害された連続強盗殺人事件である。

勝田清孝は約三〇〇件の窃盗と、強盗・強姦・殺人を常習としていたが、一九八三年、名古屋市昭和区の第一勧業銀行（現みずほ銀行）御器所《ごきそ》支店の駐車場で強盗に失敗し逮捕される。逮捕後、勝田の自供によって多数の余罪が明るみになる。殺人については二二件の疑いをもたれたが、一四件は証拠を固めることができず、八件のみ立件された。

勝田は多数の事件を起こしながら、警察の捜査線上にあがったことがなかった。その間、勝田は京都府相楽郡木津町（現木津川市）で消防士として働いていた。木津町で妻子と暮らし、愛人ももちながら、まるで副業をするかのように窃盗・強盗・殺人を繰り返していたのである。犯行がおこなわれた地域は広大で、西は神戸から東は浜松まで足を延ばしている。それぞれの地域で捜査は難航し、手詰まりの状態であった。勝田の逮捕・供述がなければ迷宮入りしていた事件ばかりである。立件できなかった事件を含めれば、これは戦後最大の連続殺人事件である。

検察は勝田の犯行のすべてを立件することはできなかったが、強盗殺人七件、殺人一件、強盗殺人未遂一件、強盗二件、窃盗一二件など二七の犯罪事実と、三三の罪状で起訴。一九八六年、名古屋地裁で死刑判決。九四年二月、最高裁で死刑が確定。二〇〇〇年十一月三〇日、名古屋拘置所で勝田の死刑が執行された。

勝田の犯行は、最初の殺人から一〇年間ものあいだ見逃され、その間ずっと犯行を継続することができた。だから私たちはつい、〝凶悪〟〝冷徹〟〝狡猾〟という形容詞をふりたくなってしまう。

しかし、事件の顚末をはじめから最後までじっくりと眺めてわかるのは、彼が冷徹でも狡猾でもなく、むしろその反対に、行きあたりばったりの軌跡をたどっていることだ。

これは勝田の犯行が、完全に衝動的で無計画であるということではない。犯行の計画はそれなりにしている。しかしその計画は、ある部分では周到に準備しながら、ある部分では完全に出たとこ勝負という、ちぐはぐさの目立つ〝計画〟なのである。

たとえば、名古屋の強盗殺人について、なぜホステスを狙ったのかという理由を問われ、勝田は「ホステスならば大量の現金を持ち歩いているから」と供述している。しかし、ホステスを襲うことで彼が実際に手にした金は数万円、まったくはした金ていどの額にすぎない。だからこの「ホステスは大量の現金をもっているから」という理由を、字義どおりに受けとることはできない。これはおそらく、後づけにひねり出した〝理由〟だ。勝田は見栄っ張りで世間体を気にする男だったという。そこから容易に推測できるのは、勝田は「自分は行きあたりばったりの人間ではない」と虚勢を張るために、冷徹な殺人犯を装っているということだ。

実際におこなわれたのはこうだ。勝田は金に困ってひったくりを企てる。深夜、単独で行動していて、かつ、ひとり暮らしの女性を狙った。そのうちの何人かが、たまたまホステスであったということだ。

勝田が何件もの事件を継続することができたのは、彼が用意周到な性格であったからではない。犯行のひとつひとつを見れば、むしろ稚拙と呼ぶべきものである。空き巣やひったくりを繰り返し、顔を見られたら殺害する。そんな稚拙なやりかたである。

では、なぜ勝田のような稚拙な犯罪者を、警察は捕らえることができなかったのだろうか。勝田が警察よりも優っているところがあったとすれば、それはなにか。

それは、自動車である。勝田は自動車の力を最大限に利用することで、警察の捜査を出し抜くことができた。

京都府の木津町に生まれた勝田は、高校二年生のときにひったくり事件を起こし、少年院に送られる。少年院を出たあと、一時大阪などで暮らすが、結婚してからはふたたび木津町に戻っている。木津町では消防士という安定した職を得るが、見栄っ張りな性格のため暮らしぶりは派手で、しだいに金に困るようになる。彼は消防署に勤めながら、休日に空き巣やひったくりをして金を稼ぐようになった。ここで勝田は、犯行現場を慎重に選ばなければならなかった。地元の人びとはみな、勝田が少年院帰りであることを知っている。もちろん地元の警察も勝田の前歴を把握している。地元で事件が起きれば、必ず自分の身に捜査の手がおよぶことになる。そこで勝田は、自動車に乗って県外に遠征し、他県で犯行を繰り返すのである。

ダイハツ・フェロー、三菱・ギャランクーペFTO、マツダ・サバンナ、フォード・マーキュリークーガー、トヨタ・センチュリー、トヨタ・セリカ、フォード・マーキュリー、ゼネラルモーターズ・ポンティアック・トランザム、日産・ガゼール、トヨタ・クラウン……。勝田は自動車を頻繁に買い替えながら、この動力によって犯行を広域化させていった。

勝田の最初の殺人は一九七二年、京都市山科区でひとり暮らしのホステス（二四）へのもの。次に七五年、大阪府吹田市でクラブ経営者の女性（三五）を殺害。七六年、名古屋市中区でホステス（三二）を殺害。七七年は三件の強盗殺人をおこない、名古屋市南区でマージャン荘の店員女性（二八）、名古屋市昭和区で美容師の女性（三三）、神戸市中央区で労働金庫を襲い男性職員（二五）を殺害。八〇年、名古屋市名東区でスーパーマーケットの金庫を襲い、男性社員（三五）を殺害。八二年、名古屋市千種区で警察官（三八）に重傷を負わせ、拳銃を強奪。同年、名神高速・大津サービスエリア（滋賀県）で、自動車を奪うために運転手の男性（二七）を拉致、同県草津市で殺害。その後、名神高速・養老サービスエリア（岐阜県）でガソリンスタンド従業員（四六）に発砲し重傷を負わせる。

以上の犯行は最初の一件を除き京都府外でおこなわれた。

警察はそれぞれの事件について捜査していたが、勝田が捜査線上にあがることはなかった。

ことの性格を明確にするために、もうひとつ別の類似する事件と比較をしてみよう。勝田が犯行を始めた同じころ、やはり自動車を利用した連続殺人事件が起きている。大久保清事件である。

大久保清事件は、一九七一年に発生した連続強姦殺人事件である。

大久保清は一九三五年群馬県生まれ。少年期から性犯罪の常習者で、五五年に二件の強姦事件を起こし逮捕されている。刑務所を出所後も六六年、六七年と立てつづけに強姦事件を起こし、ふたたび収監される。そして七一年に仮釈放されて以降は、自動車を使った強姦を繰り返し、口封じのために被害者を殺害するようになる。

一九七一年三月三一日、群馬県多野郡で高校生（一七）を殺害。四月六日高崎市でウエイトレス（一七）を殺害、同月一七日前橋市で県庁臨時職員の女性（一九）を殺害、同月一八日伊勢崎市で高校生（一七）を殺害、同月二七日前橋市で高校生（一六）を殺害、五月三日伊勢崎市で電電公社職員（一八）を殺害、同月九日藤岡市で会社員女性（二一）を殺害、同月一〇日無職の女性（二一）を殺害。五月一四日、民間捜索隊が大久保を捕縛。群馬県警藤岡署に引き渡され逮捕される。

わずか一か月余りで、八人の女性を強姦し、殺害し、死体を遺棄している。

この事件は、勝田清孝事件と同様に、自動車がなければ起こらなかった事件である。また、大久保は勝田と同様な反社会的人格のもち主であった。自動車と反社会的人格が組み合わされた事件として、大久保清事件と勝田清孝事件は、並び称される事件である。

しかし、ふたつの事件は似通ったところがありつつも、決定的に違っているところがある。それは犯行の範囲である。

大久保清事件の犯行は、多野郡、高崎市、前橋市、伊勢崎市、藤岡市という非常に限られた範囲でおこなわれた。すべて群馬県内である。それは自動車を利用しながらも、地域的にはローカルな事件なのである。逮捕後、警察には多くの情報が寄せられた。大久保は駅前にスポーツカー（マツダ・ファミリア・ロータリークーペ）を停め、多くの女性に声をかけていた。だから地元の若い女性たちのあいだでは、大久保の存在は有名だったのだ。大久保清事件がローカルな事件であるのに対して、勝田清孝事件は非常に広大なエリアにおよんでいる。西は大阪府、兵庫県、東は京都府、滋賀県、岐阜県、愛知県、静岡県まで足を延ばしている。行動範囲のスケールがアメリカ級なのだ。勝田が大久保と違っていたのは、名神高速道路と名阪国道という強力な幹線道路を利用することができたという点である。

勝田清孝事件でもっとも多くの被害を被った名古屋では、警察の捜査が完全に行き詰っていた。警察はもっぱら被害者女性の交友関係を調べていた。顔見知りによる犯行だと考えたのだ。これは無理もない。まさか京都府の郡部に住む男が自動車に乗って名古屋までやってきて強盗殺人を繰り返しているとは、誰が想像できるだろうか。仮に想像できたとして、どんな捜査をしたら犯人にたどりつけるのか。目撃者はいない。いたとしても、勝田のような顔立ちの男は、東海から近畿にかけて膨大に存在している。そんな捜査はすぐ

静岡方面
小牧

に暗礁に乗りあげてしまうだろう。京都府の木津町に暮らす消防士の男が急に金回りがよくなったからといって、そのことを愛知県警が知るすべはないのである。

勝田清孝事件によって、愛知県警は捜査能力の限界を露呈してしまうことになった。幹線道路の整備によって実現した自動車社会は、犯罪者の行動範囲を拡大させ、広域犯罪のハードルを下げてしまった。情性の欠如した異常人格者が自動車に乗りさえすれば、たとえ行きあたりばったりの稚拙さをもっていても、勝田のような犯罪がおかせるようになったのである。これはまったく新しい事態である。

幹線道路の拡張は、都市の輪郭を崩していく。一九六五年に全線開通した名神高速道路は、大阪と名古屋を一晩で往復することを可能にした。勝田清孝事件は、岐阜県の養老サービスエリアで発射された銃弾が、名古屋の警察官から強奪された拳銃と一致したことで、広域重要指定一一三号事件に指定される。しかしこの事件は、それ以前にあった広域重要指定事件とは大きく異なっている。この事件は、たんに複数の府県に犯行がまたがっていたというだけではない。勝田はこの広いエリアを頻繁に往来していて、それはまるで沿岸漁業の漁師が漁場に向かうようなやりかたで、名古屋に通っていたのである。

勝田の裁判は一九八六年に結審。先述のように判決は死刑となった。

翌一九八七年、警察庁は、高速道路と主要国道にNシステム（自動車ナンバー自動読取装置）を設置した。

▽事例C　口裂け女伝説——大人がいなくなった町

口裂け女伝説は、一九七八年一二月から翌七九年の夏まで、日本全国に伝播した妖怪話である。そのバリエーションは多々あるが、話の骨格はこうだ。

いつもの道を歩いていると、見知らぬ女性がひとりで立っている。それは口元をマスクで隠しているが、とても美しい女性である。彼女に出会った人は、「私、キレイ？」と話しかけられる。そして女はおもむろにマスクをとり外すと、口が耳まで裂けたおそろしい形相があらわれる。女は包丁をもって目撃者に襲いかかってくる。足はおそろしく速く、こどもの足ではとても逃げきれない。

この妖怪伝説は、当時の小・中学生をパニック状態に陥らせた。警察への問い合わせ、パトカーの出動騒ぎ（福島県郡山市、神奈川県平塚市）、学校が集団下校措置をとる（北海道釧路市、埼玉県新座市）など、各地で猛威を振るい、社会問題となった妖怪伝説である。

この伝説の発端となったのは、岐阜県の八百津町とその隣の美濃加茂市の騒ぎである。

この地域での複数の目撃談が口づてに伝わり、警察への問い合わせ電話が重なり、地元の新聞社がこの噂を小さな記事に取りあげる。そこからこどもたちの口を伝って噂が伝播していく。

この問題を調査した当時の週刊誌記事によれば、七八年一二月に八百津町、美濃加茂市で発生した噂は、年内に岐阜県全域に広まった。翌年二月に愛知県と滋賀県、そしてなぜか長崎県に飛び火し、三月に京都府、兵庫県、岡山県、広島県、愛媛県、熊本県へと伝播する。四月には長野県、大分県、宮崎県、五月に静岡県、群馬県、栃木県、山形県、秋田県、青森県、福井県、石川県、富山県、大阪府、徳島県、香川県、高知県、鳥取県、島根県、福岡県、佐賀県、鹿児島県、沖縄県、六月に東京都、神奈川県、埼玉県、千葉県、岩手県、北海道へと伝播する。

ここで注目されるのは、二月に滋賀県に伝わった噂は、翌月に京都府、兵庫県、岡山県、広島県、愛媛県、熊本県とめざましい速度で伝播していることである。口裂け女伝説は、名神高速道路に沿う地域を西に向かって一気に駆け抜けていったのである。このめざましい伝播のスピードと対照的であるのは、大阪府や首都圏では伝わりかたが鈍くなっていることである。ここから推測できるのは、口裂け女をめぐる恐怖、言い換えれば口裂け女の信憑性の強度は、ある地理的な特性と結びついているだろうということだ。

モータリゼーションが完成した一九七〇年代後期、都市は膨張し郊外の住宅開発が進んでいく。自家用車の普及は、駅から離れた田園や山林地帯を住宅地に変えていった。こうした新しい環境は、こどもたちの生活空間を大きく変えてしまった。

まず顕著にあらわれたのは、生活空間の拡張である。町のサイズは人間の足の尺度ではなく、自動車の尺度で構成されるようになる。乗用車が普及する以前、大人の移動距離とこどもの移動距離には、それほど大きな差はなかった。歩幅の違い、体力の違い程度の差しかなかった。しかし乗用車が普及した社会では、大人とこどもでは移動距離と行動範囲が大きく変わってしまう。大人たちは自動車で通勤し、あるいは買い物をするのに対して、こどもたちはもっぱら徒歩で生活するのである。大人とこどもの交通格差は、まったくかけはなれた別次元のものになってしまった。

大人たちの行動範囲が自動車によって拡張されるにしたがって、市街地は自動車のスケールで集約・統合され、密度を失っていく。そしてこどもたちは、住宅と雑木林しかないような密度の薄い空間に、ぽつんととりのこされたのである。

それでもまだ朝の登校時間には多くの人通りがある。問題は午後の下校時間である。こどもたちが下校する時間帯、親たちはまだ帰宅していない。農家はあるが、この時間にはすでに作業を終わらせて自宅の納屋にこもってしまう。この時間帯、道を歩いている大人などひとりもいない。下校時間の通学路は、まったく大人のいない空間になっているのである。

口裂け女は、白昼堂々とこどもたちの前にあらわれる。ここでこどもたちをパニックに陥らせたのは、口裂け女そのものであるよりも、誰にも助けを求めることができない空間があるという事実だ。本当におそろしいのは、この町のロケーション、空間構造なのである。

この道でばったりと遭遇するのは、口裂け女かもしれないし、こどもをつけ狙う痴漢であるかもしれないし、前後不覚になった覚醒剤中毒者であるかもしれない。それはどれであっても同じことだ。相手がなんであろうと、自分の足だけで逃げきらなければならない。助けてくれる大人はいないし、この道には目撃者すらいないのだ。そんな真空状態の、大人のいなくなった町に、こどもたちはとりのこされたのである。

これは、大人たちは知らず、こどもたちだけが身に染みて知っている事実である。大人には認識されず、こどもたちにとってのみ脅威であるような、まったく新しい環境だ。モータリゼーション後の住宅開発は、そんな新しい環境を全国に生み出していったのである。

口裂け女伝説の発端となったひとつの目撃談について考えてみよう。これはこどもによる目撃談ではなく、大人による目撃談である。こどもたちに噂が伝播する直前の、噂の発端となった話だ。

美濃加茂市の古い中心街は中世からつづく歴史のある宿場町であった。しかし、美濃太田駅の駅前商店街は、一九七〇年代の自動車の普及によって、しだいに活気を失っていく。木曽川を挟んだ向かいにある可児市に新しい市街地が形成され、買い物客が吸収されていった。自動車社会は商圏を拡大させ、買い物客の流れを集約・統合していく。そうして古い商店街は、櫛の歯が抜けていくように解体されていくのである。そんななかにあったあるスーパーマーケットの駐車場で、不審な女が目撃された。このときの目撃談が、口裂け女伝説の源流である。

私がここで改めて考えておきたいのは、駐車場という空間である。駐車場とは、いったいなんだろうか。駐車場はどういう特性をもって、人間社会にどのようなインパクトを与えたのだろうか。

想像してほしいのだが、もしもスーパーの裏手にある駐車場に女が立っていたら、それがなんの理由かわからないが、女がそこに立ち止まってたたずんでいたとしたら、それだけで不気味な印象になるのではないだろうか。この女が自動車を停めて車内に座っているのなら、まあたぶん誰かを待っているのだろう、と納得することができる。最初に見た瞬間ははっとするが、不審人物だとまではおもわない。だがこれが、車が停められていない閑散とした駐車場に、女がひとりでたたずんでいたとしたら、どうだろう。はっきりと言葉にできない不気味な印象を覚えるのではないだろうか。

口裂け女伝説の発端には、駐車場という空間がはっきりと書き込まれていて、そのことが問題の核心にかかわっているようにおもわれるのだ。

自動車交通は空間を浪費する。自動車一台に必要な面積は、五平方メートルから七平方メートル。これは、乗員が四人であっても、たった一人であっても、一台分の面積が占有される。自家用車が普及すればするだけ、道路と駐車場の空間が浪費される。ただしここで用意しなければならない空間量は、たんに自動車の台数に比例したものではない。浪費される空間は、たんに自動車台数の総和ではなく、それ以上のものになる。というのも、自動車は交通障害を起こしやすい脆弱なシステムだからである。

たとえば、大規模なイベントに大勢の客が訪れるという場面がある。大きなコンサートでもいいし、スポーツ観戦でもいいし、正月の買い出しでも花火大会でもいい。そういう大きな人員が集中する場面で、自動車交通は簡単に渋滞を起こしてしまう。この弱さは、電車と比較したときにいっそう明白になる。電車は乗客の集中に対して耐久力がある。大規模コンサートだろうが花火大会だろうが、電車が遅延することはほとんどない。鉄道網の発達した都市部では、大きなイベントを苦もなく実現することができるのである。ところが自動車交通はそうはいかない。パチンコ店が開店セールをおこなうというだけで、自動車が殺到し何人もの警備員を配置しなければならない事態になる。駐車場に入りきれない自動車が道路の一車線にずらりと並んで占有するということが、日常的に起きているのである。こうした交通システムの脆弱さを補うために、道路は拡幅され、バイパス道路が造成され、店舗の駐車場は規模をますます拡大させていく。これは不可逆的に、爆発的に、規模を拡大させていく。現在、名古屋の近郊には立体駐車場を備えた大型商業施設が数多くあるが、それらは鉄道のターミナル駅よりも大きな敷地を占めるほどになっているのである。自動車交通は空間を貪欲に浪費する。そうして人間の尺度は失われ、自動車の尺度が支配的になる。

一九七八年の美濃加茂市に話を戻そう。

この時期はまだ現在のような大型商業施設はつくられていないが、その予兆があらわれ始めた時期である。駐車場というロケーションは、この古い宿場町を襲ったある重大な変化を示したのだろう。変化とは、空間量の変化、密度の変化、そして空間の質の変化である。

緊密に軒を連ねていた商店街の通りは、駐車場によって蚕食されていく。商店、駐車場、商店、駐車場、というように。そして集客ができずに廃業した店舗は、整地され、駐車場にされていく。

こうなってしまうと、街の通りをぶらりと歩いてみようという人間はいなくなる。ぶらりと歩こうというには、街の密度が足りないのだ。買い物客は自動車に乗るか自転車に乗るかして、商店から商店へ、点から点へ、足早に通過していくだけになる。

空間の量的な変化は、質の変化を伴っている。あるいは、時間の質を変える、と言ったほうが正確かもしれない。道路は、たんに移動をするための通路に還元されてしまう。この通りでは人は、ふと足を止めてみることや、なんとなくたたずむということを、しなくなる。道端で立ち話をすることが、なにか場違いではないかと感じられるようになる。宿場町の通りがもっていた性格は、変質していく。通りがもっていた複雑で豊かな機能はそぎ落とされ、ただ円滑な移動をうながすための通路になってしまうのである。

なにか見たことのない奇妙なものを見かけること、珍奇なものを発見すること、不意を突かれて驚くこと、こうした経験は、かつては通りに求められる主要な機能であった。人間が通りをぶらつくとき、彼は不意打ちの驚きをなかば期待してもいたのである。しかし、移動のための通路に還元されてしまった通りは、そうした慣習と感性とを失わせる。人間はかつてのようにほがらかに驚くことができなくなってしまう。通りで遭遇する不意打ちのようなできごとは、もっぱら不安を掻きたてるものになったのである。

駐車場でたたずんでいる女は、不気味である。それは女であっても男であっても、誰であれ、不気味さを醸し出すことになってしまう。駐車場とは、不気味さを生成する空間である。駐車場とは、通路に還元された空間のルールにしたがって、人間を不気味なものへと変換・想像させる回路なのだ。

自動車時代の都市計画は、どこまでも土木的で、非人間的なものであった。それは空間利用の慣習を書き換え、時間の質を変え、空間を基盤とした人間の想像力をも変えてしまった。世界的な規模で空間が荒廃していく。人間の慣習が書き換えられ、生活はにぶい緊張に包まれる。この二〇世紀後半のモータリゼーションがもたらした空間の荒廃は、一八世紀におこなわれたエンクロージャー（共有入会地の囲い込み占有）を凌駕する大変動であったと言えるだろう。

かつて宿場町として栄えた趣のある空間は、根本的に書き換えられ、長い歴史を終わらせる。そうしてずたずたに切り裂かれたあとの残りの空間で、人びとは駐車場の不気味さを体感したのである。

第3章

1989 世界デザイン博覧会

労働者の党、軍事政権を賞賛する

一九七四年。名古屋選出の国会議員塚本三郎の発言は、世間を驚愕させるものだった。彼は、前年の九月に起きたチリの軍事クーデターに触れて、「このクーデターは天の声である」と言った。クーデターをはかり軍政を敷いたアウグスト・ピノチェト将軍を、「英雄である」と称賛したのである。

塚本は名古屋市生まれ、中選挙区愛知六区選出の衆議院議員だった。塚本は社会党選出議員として当選したのち、愛知一区の春日一幸と共に社会党を離脱し、民主社会党（民社党）の結成に加わった。社会党を割って出た民社党は、「反共産主義」「有事法制の制定」「自衛隊増強」「米軍駐留なき安保体制の確立」などを掲げ、右派労働組合と中小企業経営者を支持基盤に形成された新党であった。

一九六〇年の結党から半世紀後、二〇〇六年の調査によって判明したのは、民社党の結成にはアメリカの諜報機関ＣＩＡから資金が提供されていたという事実である。五〇年代の終盤には、反共産主義の労働組合組織であった「日本労働組合総評議会（総評）」は、「ニワトリ(ケッコウケッコウ)がアヒル(ガーガー)になった」と評されるほど、左傾化を進めていた。このときアメリカ諜報機関は、総評＝社会党を分裂させる反共産主義の政治勢力を求めたのである。CIAは、社会党右派の分離と民社党結成を促し、支援した。そして軍需産業の拠点地域である名古屋は、民社党のなかでもとくに極右的な議員を輩出する地盤となっていた。

塚本の「天の声」発言は、大きな物議を醸した。当然である。議会制民主主義を破壊した軍事クーデターを、国会議員が賞賛したのだから。しかも塚本はこの発言を撤回していない。塚本は発言を撤回することなく民社党を主導し、このあと民社党の委員長にまでのぼりつめるのである。この逸話が示しているのは、名古屋には軍事クーデターを是認する極右労働組合が多数存在していたということである。

では、塚本が賞賛したチリ軍事政権とは、どのようなものだったのか。簡単に振り返ってみよう。

一九六〇年代、アメリカ政府は中南米諸国の共産主義化を防ぐために、内政干渉を繰り返していた。

チリでは、CIAがアメリカの意にそわない陸軍司令官の暗殺に関与したことが明るみになる。このことで、一九七〇年のチリ大統領選挙は、中道勢力が左派の人民連合候補を支持し、社会主義者サルバドール・アジェンデが圧倒的多数で当選した。

大統領となったアジェンデは、外資系鉱山企業の国有化や農地改革などを推進した。アジェンデ政権の三年間、アメリカ政府はチリの反アジェンデ勢力を支援し、ついに陸軍の懐柔に成功する。

一九七三年九月一一日、アメリカの支援を受けたピノチェトは、全軍をあげてクーデターを実行した。アジェンデ大統領は反乱軍に追い詰められ、執務室で自殺した。この日からピノチェトによる軍政が始まった。

アメリカはピノチェト軍事政権を支持し、チリの経済政策の立て直しのために、アメリカの経済学者、いわゆる「シカゴ学派」を送り込んだ。シカゴ学派とは、いまでは知らぬ者はいない新自由主義《ネオリベラリズム》の元祖である。アジェンデ政権が社会主義的政策で経済を立て直そうしたのに対して、シカゴ学派のエコノミストは新自由主義政策をチリにもち込んだ。チリは軍政をしかれると同時に、新自由主義政策の実験場にされたのである。

新自由主義は、投資の自由と企業活動の自由を最大化させる思想である。投資は最大限に保護されるべきであり、投資を受けた企業活動は最大限の自由を保障されるべきである。こうした新自由主義の考えかたは、近代経済学という装いをもちつつ、実際には近代に確立された諸制度を無に帰してしまおうとする近世的経済思想である。近代社会が論争し獲得してきた理念を一切考慮しないという意味で、新自由主義は資本の原理主義《ファンダメンタリズム》と言えるだろう。この資本の原理主義シカゴ学派は軍事政権と非常に相性のよいものだった。というのも、政策の反対者たちを軍警察によって暴力的に弾圧することができたからである。

ピノチェト政権は、民主主義は完全に徹底されるべきではなく、ある程度制限されるべきであるとした。そしてこれを「権威主義的民主主義」と呼んだ。ピノチェトとシカゴ学派によれば、健全な民主主義とは権威主義的民主主義のことなのだ。

これは私の推測だが、当時塚本がピノチェト軍政に反応したのは、おそらくこのことだったのだろうとおもう。経済開発政策のために民主主義を制限し、論争を終わらせること。全体主義はよろしくないが、民主主義の行きすぎも問題である、ガーガーと叫ぶ総評は黙らせなくてはならない、権威主義的民主主義とは政治の理想的形態ではないか、と。

発言の前年、名古屋は社会党・共産党の連合による革新自治体運動によって、本山政雄市長を誕生させていた。

本山革新市政が最初にぶつかった難題は、当時建設が進められていた名古屋高速道路であった。市内にぐるりと高架をめぐらせる名古屋高速道路計画は、市民のあいだで賛否が分かれる大問題であった。愛知県、自民党、民社党、社会党は、建設推進であった。建設予定地の住民は中止を求め、共産党がこれを支援した。社会党と共産党の連合体である革新市政の支持勢力は、微妙な膠着状態に陥る。方針がきっぱりと一本化できないのである。結局、本山市長は「周辺住民との合意がないかぎりは建設延期」という、推進とも反対ともとれる玉虫色の声明を発表した。本山市政は、開発主義政策に徐々に呑み込まれていき、三期目には全会派の支持を受けるオール与党体制となる。一九八〇年代、名古屋高速道路は計画通り建設されてしまう。周辺住民が道路公団から引き出した譲歩は、〝景観への配慮〟、具体的には高架と橋脚を見栄えよくカラーリングすることと、沿線歩道にカラーブロックを敷きつめることだった。

ピノチェトは、一九七三年のクーデターから九八年まで、二五年間チリを支配した。軍政下のチリ経済は、シカゴ学派によってしだいに活況を呈していった。その後世界中で見られるようになる、貧困と格差を拡大させる〝経済成長〟だ。軍事政権は公共サービス部門を民間事業者に売却し、輸入品に対する関税措置をなくし、海外からの投資を呼び込んだ。新自由主義政策の基本的なメニューをこなしたころ、チリの中間層は没落し、一握りの富裕層と多数の貧困層へと、格差がひろがっていった。

クーデターによって国外への亡命を余儀なくされた映画監督ミゲル・リティンは、一九八五年、軍政下のチリに偽造パスポートを使って潜入した。リティンは、入国手続きをすませた直後の空港の印象をこう語っている。

私の予想とは反対に、軍国化や貧困の形跡はどこにも見当たらなかった。そこは一二年前の雨の降りしきる一〇月のある夜に、敗走という恐るべき感情に打ちひしがれながら亡命生活の第一歩を記したあのだだっ広く暗いロス・セリージョス空港ではなく、近代的なプダウェル空港であった。ここにはクーデターの前に一度、ちょっとだけ立ち寄ったことがある。いずれにせよ、私のこのような印象は主観的なものではなかった。戒厳令下にありながら、予想していたような武器などは見当たらなかった。空港はどこもきれいで明るく、色とりどりの広告や輸入品の並ぶ大きな店が見られ、道に迷った旅行者の案内にあたる守衛の姿すら見えない。タクシー乗り場で客を待っているタクシーも以前のようなくたびれきった車ではなく、新型の日本車になり、皆一様で整然としている。

（G・ガルシア・マルケス『戒厳令下チリ潜入記　ある映画監督の冒険』二四頁）

ここは重要なところなので、強調点をつけさせてもらった。

新自由主義政策は、景観への配慮を怠らない。海外からの投資家を迎える国際空港は、まず最初に整備すべき施設である。明るく、清潔に、色とりどりに。海外の投資家と銀行家にこの国を売り込むために。シカゴ学派のエコノミストたちは、チリ経済が劇的に復活したと主張し、これを「チリの奇跡」と呼んで世界にアピールしていた。実際にはチリには貧困が拡大しているのだが、それは見えないようにすればよい。ここで構成される都市の景観は、実際には、舞台セットの背景に並べられた書き割りにすぎない。それは奥行きも中身もない書き割りにすぎないものなのだが、新自由主義政策にとってはそれで十分なのである。〝繁栄〟の見せかけがあればよいのだ。

私たちは古い習慣にとらわれていて、富や貧困を視覚的に捉えようとする。しかしそういうやりかたは、もう通用しない。巨大な資本が都市開発に投下され、景観が大きく書き換えられ、錯覚をさそうスペクタクルが都市を覆う時代になったのだ。都市開発は、工学的なものから、光学的なものへ、力点を変える。

名古屋国際会議場

名古屋中心街の西端、日本銀行名古屋支店が面する日銀前交差点から、まっすぐ南に延びる道路がある。国道一九号線・二二号線が重なっているこの通りを、伏見通と言う。自動車で伏見通を南に向かい、JR線と名鉄線の線路をまたぎ、八熊《やぐま》通を超えるとまもなく、西高蔵《にしたかくら》にいたる。ここで右折して堀川にかかる橋を渡ると、川沿いに建つ大きな建物が見えてくる。名古屋国際会議場である。

名古屋国際会議場は一九八九年、世界デザイン博覧会の会場として建設された。この博覧会は、市内の三か所に会場を設置して開催された。名古屋城会場、名古屋港会場、そしてメイン会場となる白鳥《しろとり》会場、現在の名古屋国際会議場である。

この建物は、同時通訳室六室を備えた国際会議室と、プレスルーム、三〇〇〇人収容のコンサートホール、レセプションホールと四つのイベントホール、レストランとラウンジ、ふたつの展示室、二二の会議室を備えている。

正面入口を入ると、一階から四階まで吹き抜けにした大きな空間、壁面にぐるりとめぐらせてある各階の通路、両端には各階をつなぐ階段とエスカレーターが配置されている。正面玄関は二階部分になっていて、ここから正面階段を降りると一階のレセプションホールである。二階フロアの中心に立つと、一階から四階まで建物内部の空間を一望できるようになっている。各階の通路の手すりや壁はすべてガラスで構成され、すべての歩行者の姿が見えるようになっている。手に提げた荷物も、足元の動きも、すべてはっきりと透視することができる。物陰や死角を最小限にした一望監視空間である。

と同時に、この空間は、収納された人間を眺めるためのショーケースである。私たちはここでたんに建物を眺めるのではない。そこに立つ人間、歩く人間、立ち話をする人間を、建物を彩る装飾物の一部として眺めることになるのである。この空間設計に仕込まれた窃視症的な意図は、世界デザイン博覧会のパンフレットにも書き込まれている。博覧会と同時に開催された「世界デザイン会議」について、当時のパンフレットから抜粋しておこう。

新たなる時代の創造と挑戦に、ご参加ください

デザインの世界でもっとも大きい国際会議「世界デザイン会議」が、この10月、名古屋で開かれます。

'89年は「'89デザインイヤー」として、生活・産業・文化のあらゆる分野を、デザインを通して見直し、その質的向上を多面的に考えていこうとする国民運動の年です。「世界デザイン会議」は、このような背景のもと、20世紀の世界と日本のデザインを総括し、来るべき'90年代、そして21世紀へ向けて、新たなるデザインのヴィジョンとパラダイムを、デザインのジャンルを超えて広く探求していこうとするものです。

会議期間中は、全体会議、30にのぼる分科会をはじめ、デザイン・キャンパス、パーソナルプレゼンテーション、エクスカーションなど、多彩なプログラムが行われます。

世界中からデザインに関する多くの英知が結集して行われる「世界デザイン会議」は、'90年代のデザインムーブメントの胎動の発信地になります。21世紀へ向けてデザインの新たな波を創り出すこの会議に、あなたもぜひご参加ください。

「かたちの新風景——情報化時代のデザイン」

21世紀を間近かにして、これまで工業が主導してきた社会の基盤が変化してきています。情報化社会への転換は、広範な影響を社会に与え、生活様式の変貌などさまざまなデザインに係わる課題を提起しています。デザインが〝モノ〟に係わる膨大なエネルギーを文化へと結晶させる行為であるならば、今日ほどデザインが必要とされている時代はないといえるでしょう。〝モノ〟の世界には、情報化時代としての社会のしくみや価値観を反映し、再構築することが求められています。さらに〝モノ〟がつくる場、使う風景、想起される心象風景が、どのような未来をかたちづくるのかが課題となっています。

この会議はこうした問題意識にたって、デザインの果たしている社会的機能、および現代のデザインの課題を総括するとともに、これからの情報化時代が求めているモノ文化のあり方を構築しようとするものです。

（『世界デザイン博覧会公式ガイドブック』二四二頁、強調点は引用者）

なにを言っているのかわからない、という感想を抱くのは、正しい。この文章には、主体としての人間が欠けている。ここで想定されている主体は、デザインされた〃モノ〃である。人間はそれらのモノがかたちづくる風景の一部である。この〃デザイン〃の宇宙では、人間は、はじめから客体化されている。人間は、デザインされた新しい風景を飾る肉塊となる。「ぜひご参加ください」という呼びかけは、そういう意味なのだ。

四棟に分けられた建物の中央には中庭が設けられ、ここに建物を背にして巨大な騎馬像がおかれている。これは、かつてレオナルド・ダ・ビンチが製作したものの未完成に終わった「スフォルツァ騎馬像」を、当時の資料を元に日本の作家が復元したものだという。全高八・三メートル、幅三・六メートル、全長八・八メートル。真っ白に輝く巨大な騎馬像は、建物の壁面のガラスに反射することで、観る者を威圧し圧迫感を与える。非常にうっとうしい。

建物の装飾は当時の流行を反映して、イタリア風の色彩を基調としている。当時の日本人はイタリアに憧れていた。アルマーニやベルサーチの背広を着て、ピザやパスタを食べ

る、それがおしゃれだった。建物は随所に色彩を散りばめながら、すべてが光沢をもつように加工されている。大きな板ガラス、ステンレススチール、床面と壁面に貼られた人工大理石が、キラキラと光を放っている。内装の合板や集成材は、硬質なコーティング剤で固められ、これもやはり輝いている。正面入口の脇には、市の宣言文が書かれている。引用しよう。

名古屋デザイン都市宣言
私たち名古屋市民は、何よりも平和で人間的な暮らし、まちづくりを希求してきた。そして名古屋市は、世界デザイン博覧会を契機に、平和な時代の永続を願い、新たな生活文化の創造と今世紀までに蓄積された知恵と技術を結びつけるデザインというヒューマニズムに支えられた創造的な都市への発展を世界に呼びかけてきた。
デザインは、単なる装飾や意匠にとどまらず、生活文化のひとつとして、その果たす役割は、ますます重要になるものと考えられる。
都市は、人間が生活し、活動する場であって、一人ひとりの市民を大切にする、人間性豊かな個性と魅力にあふれたまちづくりを進めるためにも、デザインを大切にする風土づくりが求められている。

よって、名古屋市は、世界デザイン博覧会の開催を踏まえ世界に開かれたデザインに関する情報発信基地を目指すとともに、デザインを大切にする世界に誇り得るまちづくりを進め、平和を願う感性あふれるデザイン都市を創造することをここに宣言する。

右決議する。

平成元年6月30日　名古屋市会

平成元年とは、一九八九年のことである。

「ヒューマニズムに支えられた創造的な都市」をめざして建設された会場は、実際には、反人間的と言えるほど威圧的なサイズで構成された。このサイズはイタリアと言うよりも、ナチスドイツやアメリカの建築物を想起させるものだ。この建物から読みとれるのは、色彩においてはイタリア・ルネッサンスを参照し、サイズにおいてはナチス的な巨大建築を志向するという、ふたつの文脈の複合、あるいは、錯綜である。この複合したあるいは錯綜した美意識は、これ以後にあらわれる公共建築の基調となっていく。人びとを威圧する巨大さ、光り輝く壁面、光沢と色彩を散りばめつつ、どこまでも硬質な質感。それは、名古屋で生産される建築資材の新技術を臆面なく見せつけるものだった。

アイカ工業の樹脂

国際会議場から南に向かって緑地公園がひろがっている。堀川に沿って延びる公園は、名古屋学院大学のキャンパスとつながり、さらに南にくだると白鳥庭園にいたる。白鳥庭園の南端は、堀川にかかる白鳥橋に接している。白鳥橋の向こうには、愛知時計電機の社屋が見える。ここからは、愛知時計電機から分社したアイカ工業の話をしよう。

アイカ工業は、接着剤、樹脂、ベニヤ合板のメーカーである。

一九三六年、航空機を生産していた愛知時計電機から化学製品部門が分離し、愛知化学工業が設立された。従業員一四〇人でスタートした愛知化学工業は、翌年には五六〇人を抱える大工場になる。この時期は海軍からの受注でエンジンの点火プラグを大量に生産している。また、新しい木材用接着剤の開発に成功し、木造船や木製飛行機の機体製造に接着剤を供給した。

戦時中は軍需で潤っていたが、敗戦によって経営環境は激変した。軍需から民需へと転換する過程で、点火プラグ生産からは撤退、接着剤・ベニヤ合板のメーカーに衣替えした。

アイカ工業は、一九四九年から化粧板の生産に進出し、五〇年の朝鮮特需では、米軍から大量の合板を受注している。

その後一九六〇年に新しいメラミン化粧板を開発した。この時期、池田内閣の所得倍増計画によって企業の設備投資は急増し、住宅建設も急増した。アイカ工業は、メラミン化粧板を天板にしたスチールデスクを生産し、この分野で八〇%のシェアを占めるようになる。また、プリント合板を大量に生産し、家庭用テーブルの天板、流し台の扉、木製の収納家具、住宅内装の板材などに供給していった。七〇年代になると、木製の高級ドア、住宅壁面の仕上げ塗材に進出。さらに八〇年代には人工大理石の樹脂を生産するようになる。

私たちはアイカ工業の樹脂をよく知っている。アイカ工業という会社の存在を知らない人であっても、この光沢のある硬質な質感は、知っているはずだ。これは生活のあらゆる場面に見ることができる。

会議室におかれた長机の天板が真っ白に輝いている。それは樹脂である。廊下には腰の高さに木製の羽目板が貼られている。何年たっても傷のつかない硬質な表面は、樹脂である。公園や道の駅に新設された公衆トイレの外壁は、何年たっても色褪せることなく清潔感を保っている。この壁の仕上げ塗材も樹脂である。コンビニエンスストアの床面に、大理石が敷き詰められ光り輝いている。これは石ではなく、樹脂である。

何年たっても汚れない、傷がつかない、色褪せない、そんな新建材が一九九〇年代に普及していった。そうして市役所からラブホテルにいたるまで、すべてがキラキラと、あるいは青白く、光を放つようになる。

INAXのタイルとトイレ

名古屋の近郊には、中世からの歴史をもつ窯業の産地が三つある。「美濃焼」の産地である岐阜県多治見市、土岐市、「瀬戸焼」の産地である愛知県瀬戸市、そして「常滑焼」の産地、常滑市である。この三市は共に、現在では建設部材の生産拠点となっている。まずは常滑の話から始めよう。

名古屋南部臨海工業地帯に沿って南北に延びる国道一五五号線を南下する。この自動車専用の産業道路を三〇分ほど走っていくと、新舞子海水浴場あたりから、風景は市街地に入る。そこから一〇分ほど車を走らせると常滑市、右手には中部国際空港を離着陸する旅客機の機影が見える。ここで左手に曲がって山のほうに向かうと、知多横断道路の常滑インターチェンジ入口があらわれる。ここでインターチェンジをかわしてさらに山を登り、高速道路の下をくぐって北上すると、とつぜん視界がひらけてくる。視界の先には伊勢湾と、埋立地に並ぶガスタンク群、名古屋南部臨海工業地帯の南浜ふ頭（旧南四区）が一望できる。この見晴らしのよい山の頂に、アカイタイルの工場がある。

アカイタイルは、ＩＮＡＸ（現ＬＩＸＩＬ）と業務提携をしているタイルメーカーである。二〇一〇年、赤レンガで知られる東京駅の駅舎復元のために外壁タイルを生産したのは、この会社である。大きくはない。山のなかにひっそりとたたずむ小さな工場だ。

外壁タイル産業では、大工場での大量生産はおこなわれない。小規模の工場が無数にあり、それぞれが技術を競い合っている。そうしたタイルメーカーと数多く提携し、世界最大の外壁タイル取引量を誇るのが、常滑市のＩＮＡＸである。

近代の常滑市は、都市のインフラ設備を生産することで発展した。都市下水道や水田排水のための陶管（土管）、送電線を地中に敷設するための陶管、洋風建築のためのタイル、衛生陶器、外壁を装飾するテラコッタ、外壁用のスクラッチタイルを生産した。

常滑の窯元、伊奈初之丞とその息子長三郎は、東京の帝国ホテル建設のために外壁部材を製作した。一九一八年から二一年までに、二五〇万個のスクラッチタイル、一五〇万個の穴開け煉瓦、数万個の装飾タイルを生産した。このころ輸出向けの洋食器を製造していた日本陶器（現ノリタケ）の支援を受けて、伊那製陶を設立。陶器メーカー・森村グループの建材部門となる。

ここで森村グループの説明をしておこう。森村グループは、洋食器の日本陶器（現ノリタケカンパニーリミテド）を中核として、そこから派生した陶器メーカーグループである。洋食器の開発に成功した日本陶器は、一九一七年には衛生陶器の開発に成功し、東洋陶器（現ＴＯＴＯ）を設立する。一九年には、送電設備の絶縁体を開発し、この部門を日本碍子（現日本ガイシ）として分社化する。二四年には伊那長三郎を支援して、伊那製陶を設立させる。その後、日本碍子はエンジンの点火プラグ開発に注力し、三六年にこの部門を日本特殊陶業として分社化する。こうして森村グループは、日本の陶業の近代化・産業化を進め、ＴＯＴＯ・ＩＮＡＸ・日本ガイシ・日本特殊陶業といった大メーカーを生み出したのである。

伊那製陶に話を戻そう。伊那製陶は土管・タイルといった建設資材のメーカーだったが、敗戦後は、トイレ・バス・洗面台といった衛生陶器部門にも進出した。衛生陶器部門は、戦後の住宅建設ラッシュによって急成長する。そうして日本の衛生陶器市場は、ＴＯＴＯとＩＮＡＸの二社で一〇〇％のシェアを占める独占状態が生まれるのである。

この独占状態が原因となっているのか、それとも独占とは関係なく進行したものなのか、結論はまだ出せないでいるのだが、この敗戦後の時期に、衛生陶器は決定的な変化を見せる。それは、装飾の廃止、白色無地への統一である。

戦前に製造された便器には絵付けが施されている。現代の感覚で見ると軽い衝撃をおぼえるのだが、史料館に保存されている戦前期のトイレは、白地に青い線で絵が描かれている。ちょうど白磁の火鉢に絵付けが施されているのと同じように、便器に絵が描かれているのである。当時はまだ衛生陶器の普及していない時期で、便器が高級品であったということもあるだろう。また、白色無地という外観はよく考えてみれば味気ない無機質なものだから、そこに絵付けを施すのは自然なことであっただろう。この戦前の便器の様式は、戦時下の経済統制によって姿を消してしまう。そして敗戦後の便器は、白色無地というデザインに統一されたのである。

装飾性を排して、物質性《マテリアル》をそのまま見せること。工業製品の物質性は、そのままの姿で、商品の物神性《フェティッシュ》を帯びるようになる。いや、むしろ、装飾を排することによって、商品の物神的性格が強化されるのである。物神性とは、商品がもつ魔力、人間を魅了する力。たとえば、資本主義の初期段階、三角貿易の時代に、純白に精製された砂糖という商品が人びとを魅了したときの、あの魔力である。

一九八〇年代に、衛生陶器のデザインが多様化を見せたとき、それは装飾に回帰することはなかった。さまざまな形と色が模索されるが、基本的には無地で、物質性を強調するものになる。衛生陶器は肉厚になり、防汚機能を高め、より白く輝きを増すように改良されていく。純白の陶器は無機質で味気ないと感じられるのではなく、反対に、清潔な印象を与えるための不可欠な要素となる。そして現代では、装飾は〝不衛生〟を連想させるものとして忌避されるようになった。

この問題はあとでもう一度考えるとして、話をタイルに戻そう。

名古屋から東北に延びる瀬戸街道に乗って車を走らせると、四〇分ほどで瀬戸市に到着する。瀬戸物で知られる磁器の街だ。瀬戸は矢田川《やだがわ》の上流にあって、川沿いに商店が並ぶ古い街だ。名古屋の平板さと比べると、ずいぶん趣のある、いい街だ。川沿いに並ぶ焼き物の店を横目に見ながら、矢田川に沿って山を上っていくと、品野町《しなのちょう》。この道路沿いにも大きなタイル工場が見える。

品野町を通り過ぎてさらに山深くに進んでいくと、民家がなくなり、大型トラックの交通量が増えてくる。森のなかを貫通する一直線の道路を走り、森が途切れたところで右折すると、岐阜県に入る。ここから山間をぬうように走る県道三八七号線を進んでいくと、多治見市笠原町である。

笠原町はタイルの町である。この笠原町から隣の土岐市にかけて大小一〇〇以上のタイル工場が集積し、町の中心には多治見市モザイクタイルミュージアムという博物館がつくられている。色とりどりのタイルを組み合わせて使用するモザイクタイルの博物館だ。

この町に行くと、タイルというものが、本当は素敵なものなのだということを教えられる。私はふだん名古屋にあって、タイル張りの建築物を見ながら強いいらだちを感じているのだが、この笠原町で、すっかり毒を抜かれてしまった。タイル、素敵だとおもう。

ここですこし話はそれるのだが、やっぱりね、岐阜の人はおしゃれ。愛知と岐阜はほとんど同じ文化圏であるはずなのに、どうしてこうも違うのかと首をひねるぐらいに、岐阜はおしゃれ。街に色気がある。繊維や陶器や木工家具という工芸品の歴史があるからなのか、細部の仕上げが丁寧なのだ。派手さはないのである。全体につつましいのだが、細部がちょっと素敵に仕上げてある。たとえば、多治見市の図書館というのは、建物自体はどこにでもあるような公共建築なのだが、そのなかにおかれている書棚が、ちょっとおしゃれ。あと、資料複写の申請書がちょっとこぶりでかわいいサイズ、とか、そこにおかれている鉛筆と鉛筆立てがおしゃれ、とか。これはおそらく計画的にデザインされたものではなくて、この施設で働く普通の職員の普通の美的感覚が、高い水準にあるのだとおもう。

岐阜の人がおしゃれというのは、多治見市に限った話ではない。岐阜市はもっとすごい。岐阜市の柳ケ瀬商店街は全国に知られる古い商店街だが、ここは近代デザインの成果をふんだんに盛り込んだ最高におしゃれな商店街だ。モザイクタイル・ステンドグラス・アールデコやアールヌーボーといった近代デザイン様式を、商店街の装飾物として見事に消化し成立させている。また、柳ケ瀬商店街のマスコットキャラクター〟やなな〟もすごい。これは一見すると「ゆるキャラ」なのだが、よく見ると全然ゆるくない。びっくりするほどエッジの効いたキャラクターである。こういう高い水準の作品をポンと出してくるあたりが岐阜県民のおそろしさだ。モダンアートの成果を完全に自家薬籠中のものにしている。

これは、私が名古屋から岐阜に行ったからそうおもうのかもしれない。名古屋の街にはまったく色気がない。名古屋の街は直線的で、大振りで、なにもかも産業的で、細部の仕上げがガサツである。ところが県境を越えて岐阜県に入ると、たちまち潤いのある街になるのだ。ここから逆に照らしだされるのは、名古屋の異様さ、産業の重工業化によって、街から人間的な色気を奪ってしまった名古屋の姿である。高度に発達した産業都市は、街を乾燥させ、人間をガサツにしてしまった。

近代工業社会の黎明期、イギリスの美術家ウィリアム・モリスは、「アーツ・アンド・クラフツ」運動を提唱・実践した。アーツ・アンド・クラフツ運動は、一九世紀、大量生産される商品に対する危機感のなかで生まれた。大量生産技術は職人たちの生活を圧迫していた。また、大量生産品は、その使用者から美的な喜びを奪うものだった。モリスは、大量生産品に囲まれた生活が、無機質で生気のないものになってしまうことを、すでに一九世紀の段階で予見していたのである。アーツ・アンド・クラフツ運動は、生活用品に当時の美術の成果をふんだんに盛り込み、生活と美との結合を試みた。めざされたのは、これ見よがしにひけらかすための美術品ではない。産業社会のなかで商品の差別化をはかるための競合的なデザインでもない。めざされたのは、普通の人間がふだんの生活のなかで生気を失わないで生きるための、ちょっと素敵なものだ。

近代の産業社会は、工芸品を商品に変えてしまった。だがそれは同時に、工芸には商品の論理に還元することのできない美の審級があるということを、人びとに意識させることになった。これ以降、産業主義と工芸とのあいだの緊張関係、商品と反商品との緊張関係が、近代デザインの焦点になるわけだ。

岐阜市の柳ケ瀬商店街には、日本の近代工芸デザインのひとつの到達点を見ることができる。ここにある装飾物は、うっかりすると〝レトロ〟と言って片づけてしまいそうになるが、本当は違う。レトロという表現では足りないし、公正さに欠ける。ここにある装飾物の成果は、「岐阜モダニズム」と呼んだほうが正当だろう。岐阜市には、ちょっと素敵で、人間的な潤いのある、岐阜モダニズムがある。

もしも名古屋のデザイン都市宣言が、岐阜モダニズムにならっていたなら、名古屋はもうすこしましな生きやすい街になっただろう。しかし残念なことに、名古屋は岐阜モダニズムに接近するのではなく、反対に遠ざかってしまった。産業都市は近代《モダン》の成果に背を向け、ますます退行し、乾燥した街に向かってしまうのである。

ここでふたたび衛生陶器の問題に話を戻そう。装飾性を排し、物質性を強調するという産業主義の物神性の美学は、衛生陶器だけでなく、外壁タイルの領域をも呑み込んでいくことになる。

戦前の建物に飾られたテラコッタは姿を消し、戦後は茶系統のスクラッチタイルへ、さらに一九九〇年代には、白色に近いグレーのタイルが支配的になっていく。壁面タイルはことごとく平滑になり、レリーフや壁画は姿を消していく。名古屋駅の西口はかつて大きな壁画が飾られ、そこは「壁画前」と呼ばれる待ち合わせの場所だったのだが、いまでは壁画が撤去され、つるんとした表面の液晶ビジョンになってしまった。九〇年代以降の都市開発は、ひだのないつるんとした表面をめざす。まるで、あらゆる建物の壁面が、衛生陶器をめざしているかのように。壁画やレリーフは、印象として衛生的でないのだ。この時代につくられた新宿西口のビル群、東京都の新都庁舎、ここに身をおいてみれば、私がなにを言っているかわかるとおもう。まるで巨大な洗面台の上に立たされているかのような、色彩のない、純白の空間だ。名古屋は色彩のない「白い街」と呼ばれていたが、その異様な姿は、九〇年代の新宿に拡張していったのである。

排除のデザイン

世界デザイン博覧会の開催に向けて、名古屋は三つの会場の整備と共に、市内の美化・浄化に取り組んだ。当時、浄化の標的にされたのは、野宿者、日雇い労働者であった。名古屋駅の南、笹島《ささしま》交差点を渡って一ブロック南に行くと、ひときわ高いオフィスビル、住友生命ビルがある。ビルの手前を左に曲がるとすぐに、そこには中職安と呼ばれる職業安定所があった。この職安前の通りは、かつて青空求人がおこなわれる寄せ場（人足寄せ場）だった。寄せ場とは、労働者を求める人夫出し業者（手配師）と、仕事を求める労働者が、早朝に路上に集まって仕事の契約をする場所である。仕事をもらった労働者は、通りに駐車されたワゴン車に乗り込み、その日の現場へ、あるいは何週間か泊まり込む飯場へと運ばれる。笹島に集まる日雇い労働者はここから、港湾荷役、建設土木、そして工場労働へと向かった。

青空求人がおこなわれる寄せ場は全国にいくつかあって、有名なものをあげれば、大阪府西成区の釜ヶ崎、東京都台東区の山谷、横浜市中区の寿、そして名古屋の笹島である。

笹島の特徴は、ターミナル駅とオフィス街の間近に人足寄せ場があったということだ。釜ヶ崎や山谷が、都心部からすこし離れた場所にあったのに対して、名古屋ではオフィス街に近い場所で青空求人がおこなわれ、名古屋駅の西口（駅裏）にサウナと簡易宿泊所、いわゆるドヤ街が形成されていた。現在、名古屋駅前に建てられているミッドランドスクエアビルからすこし奥に進んでいくと、西柳《にしやなぎ》公園という小さな公園がある。いまでは再開発によってすっかり風景が変わってしまったが、ここでは毎年、野宿者が集まり、大きな焚火と炊き出しをおこない、衰弱した人を救護するためのテントが張られた。西柳公園は、野宿者・日雇い労働者の「越年越冬闘争」がおこなわれる場所だったのである。

名古屋市は世界デザイン博覧会に先立って、野宿者の排除に取り組んだ。それはまず都市の備品の形を変更することから始まった。公園のベンチは、人間が横たわることができないように、手すりで仕切られるようになった。あるいは、ステンレス製の太いパイプをベンチの代用とした。ガードレールに挟まれた中央分離帯の隙間に、金属製のポールを打ちこみ、野宿者が入り込めないようにした。ゴミ箱は開放型ではなく、重い蓋をかぶせて中身をあされないようにした。公園の水飲み場は撤去された。このあと全国の公園施設でおこなわれることになる排除のデザインが、名古屋にあらわれたのである。

名古屋の浄化作戦から一〇年後、排除のデザインは全国に知られることになる。東京都・

新宿駅の西口地下通路で、野宿者が強制排除され、通路の脇に謎の〝オブジェ〟が新設された。このオブジェは、野宿者に段ボールハウスをつくらせないという行政の強い決意、問答無用の暴力性を、人びとに印象づけることになった。

新自由主義政策は都市景観への配慮を怠らない。美観を重視する行政は、街なかに野宿者のテントが存在することを容認できない。行政は、人びとがなぜ野宿することになったのかを考えるのではなく、たんに排除することによって問題を解消するようになった。これを都市のジェントリフィケーションと言う。

一九八九年の世界デザイン博覧会は、ジェントリフィケーション技術の見本市でもあった。排除のデザインは、名古屋の街を試験場とし、東京の都市再開発事業に向けて準備されていった。

鈴木俊一・中曽根康弘の東京改造

すこし時間を前に戻そう。一九七九年、旧内務省出身の官僚である鈴木俊一が、東京都知事に就任した。これ以前、東京都は、社会党・共産党の連合である革新自治体運動に支持された美濃部亮吉都政であった。革新都政は美濃部知事が三期つづいたあと、自民党・公明党・民社党の連合によってひっくりかえされる。鈴木都知事の誕生は、自民党の、なかでも旧内務省出身の官僚・政治家にとって、失地回復というべき勝利だった。ここから九五年まで、四期一六年、鈴木都政がつづくことになる。

鈴木は、戦時中、陸軍特務機関に所属し、陸軍が占領した中国・山西省で行政顧問として指導にあたっていた。敗戦によって陸軍特務機関の将校は処刑または公職追放の処分が下されたが、鈴木は行政を担当する文官だったことで、公職追放はからくも逃れている。戦後は地方自治庁に勤務し、一九五八年の第二次岸信介内閣で内閣官房副長官に就任、五九年から六七年までは東京都副知事をつとめ、六四年の東京オリンピックにかかわる開発計画をまとめる。六八年、社会党・共産党の推す美濃部が都知事に当選すると、都政から退き、日本万国博覧会協会の事務総長に就任。その後、七九年の都知事選に出馬し、社共の推す総評議長の太田薫を破り当選した。

鈴木都政の特徴は、都市行政に事業経営の装いを与えたこと、そして、行政権力によって都市を創造できるのだと迷いなく宣言したことである。

鈴木都政は、美濃部都政時代に設立された高齢者福祉予算を削り、そこで浮いた予算を都市開発事業に注ぎ込んでいった。この都市政策は、一九八二年から始まる中曽根康弘内閣にも後押しされた。中曽根政権による四全総と「民間事業者の能力の活用による特定施設の整備の促進に関する臨時措置法（民活法）」だ。

四全総は、全国の開発をめざすことをやめ、東京の都市開発に注力した。民活法は公有地のビル開発に民間事業者を参入させるものだ。東京の都市開発は国、都、民間不動産業者の三者がこぞって資本を投下するものになった。同時に中曽根政権は、国鉄を民営化した。国鉄が所有していた敷地は民間の不動産業者に払い下げるようにした。当時話題になった貨物駅、新橋の汐留駅は中曽根政権後の九五年に払い下げられ、三井不動産などが所有する超高層オフィスビル、汐留シティセンターなどが建つ汐留シオサイトとなった。

鈴木都政は、丸の内の都庁舎改築案をくつがえし、新宿の新都庁舎建設を決定する。また、埋立地のお台場を新しい副都心として開発した。国、都、民間不動産業者が入り乱れ、九〇年代の東京は未曽有の建設ラッシュを迎えた。それはバブル経済の崩壊を横目に見ながら、なおも暴走していった。

この再開発・建設ラッシュは、たんに資本の投下先として土地開発が選ばれたというだけではない、政治的な意志を含んでいた。これは、純粋に経済的な現象とみなすよりも、政治的な現象とみなしたほうが事態の性格は明瞭になる。

経済的な側面で考えれば、おかしなところはたくさんある。たとえば、鈴木都政の開発構想では、お台場の副都心は「テレコムセンター」という情報通信施設の集約拠点とされている。だがちょっとまってほしい。情報通信という分散的なシステムに、はたして集約的な拠点整備が必要だろうか？　その土地開発の位置づけは、そもそも情報システムの特性に反しているのではないか？　ちょっと考えれば理に合わないことがわかる話なのだ。鈴木都政の開発行政は、経済的・産業的な要請から導かれた事業というよりも、産業的な粉飾を施した政治的意志の表現とみたほうが正しいだろう。

では、鈴木都知事を突き動かしていた政治的意志とはなんだったか。これは、このテーマだけで何冊も本を書かなければならないぐらいの大きな課題なのだが、いまは簡単なアウトラインだけ示しておこうとおもう。

鈴木都政の政治的意思は、革新自治体運動の息の根を止めること、都市行政の主導権を内務官僚の手にとり戻すことだ。ここで第一章の石川栄耀をおもい出してほしい。一九二〇年代の名古屋の市区改正で、内務省が小地主を束ねていったように、東京の小地主を束ねていくこと。そのことで保守政治の基盤を固め、流入する新住民たちの運動に対抗することである。新住民たちは革新自治体運動に加担し、あるいは大学にバリケードをはって立てこもり、あるいは「市民の時代」を叫んで社会運動を繰り広げる。この新しい危険な都市住民に対抗するために、強固な政治ブロックを構築することだ。

ここでは、ファシズムの時代の住民組織技術と、新自由主義の時代の都市開発技術が折り重なる。鈴木都政はまったく新しいものではなかったが、まったく古びていたわけでもない。表面に新しい時代の要素を加えながら、基層の部分で古い時代の技術が反復される。私たちはその地層を丁寧によりわけながら、力の成分の重なりを分析していかなければならない。私がいまの段階で言えるのはここまで。これ以上のことは、近現代史の研究者諸氏に委ねたい。

鈴木は、東京で世界都市博覧会を開催することをめざしていた。だが、一九九五年の都知事選挙では、「世界都市博中止」を公約とする青島幸男が圧倒的得票数で当選。新たに知事となった青島は、世界都市博を中止した。鈴木の誇大妄想癖は、多数の都民によって否決された。

名古屋鉄道のパノラマカー

一九九〇年代以降の都市開発は、禁欲的で不寛容なものだ。禁欲主義は、それ自身のイデオロギー的背景と歴史をもっているが、けっして自立したものではない。禁欲主義は、どこまでいっても反動《リアクション》である。禁欲は、その時代にあらわれたより大きな趨勢に対する、躊躇、ブレーキ、反動である。では、九〇年代の禁欲主義は、なにに躊躇したのか。それは、日ごとに膨張し制御不能になった、新しい都市だ。

一九五九年、名古屋鉄道の社員であった白井昭は、副社長の土川元夫に新型車輛の開発を提案した。前面展望を可能にするまったく新しいスタイルの車輛である。それは、通勤電車にレジャー性を加えるという斬新な発想だった。

愛知県豊橋市から岐阜市までを走る名鉄名古屋本線は、並走する国鉄（当時）東海道本線と競合関係にあって、名鉄は強い危機感を持っていた。速度・安全性・快適な冷房設備。それだけでは十分でない。名鉄は、普通の通勤車輛に、展望という遊びの要素を加えたのである。

一九六一年、新型の七〇〇〇系車輛・パノラマカーが登場した。先頭車輛は二階建てとなり、前面をさえぎっていた運転席が二階部分に配置された。車輛前面は大きな板ガラスで構成され、乗客が風景を展望できるようにした。電車の警笛は、耳に突き刺さる高音ではなく、やわらかいメロディーを奏でるホーンになった。新しく登場したパノラマカーは、従来の電車の形態から、レジャー施設の乗り物に一歩近づいたものになった。

前面展望の車輛は、他の鉄道会社でも試みられている。このあとに登場する、小田急電鉄のロマンスカー・三一〇〇形である。ロマンスカーは新宿から箱根の温泉へ、または江の島の海水浴場へと向かう特急列車である。車輛の形態は似ている。だが、パノラマカーとロマンスカーでは大きく違っている点がある。それは、展望のベクトル、展望の射程だ。ロマンスカーは箱根の温泉や江の島の海水浴場という行楽地に向かう電車である。ロマンスカーの〝ロマンス〟のベクトルは、都心を離れた行楽地に向かっている。

これに対して、パノラマカーは行楽地には向かわない。パノラマカーの射程は行楽地ではなく、都市である。都市を展望して楽しむこと。都市を遊び場にすること。毎日の通勤時間を、レジャーの時間に変えてしまうことだ。

パノラマカーが構想したのは、仕事の空間・時間と、遊びの空間・時間を、密着させ、混合させることだった。このレジャー観はひじょうに先進的なものだった。行楽地のレジャー開発ではなく、都市の可能性を開拓しようというのだから。仕事と遊びをゾーニングによって分割してしまうのではなく、寄木細工のように絡みあわせる混とんとした都市へ。パノラマカーは到来する新しい都市を構想したのである。

一九六一年の段階で、この構想は早すぎたのかもしれない。この後、自家用車の爆発的な普及によって、レジャー開発は郊外に向かい、職・住・遊のゾーニングが強められていくからである。また、名古屋の街はこの構想に適さないものだった。名古屋は、行政が進める大規模都市計画によって、直線的で平板でひだのないイゾトピーの空間に均されてしまった。こんな街を展望してもなにも見るところがない。視線が焦点を結ばない。

仕事と遊びが絡み合う寄木細工のような都市は、名古屋ではなく東京に出現することになる。パノラマカー構想の三〇年後、一九九〇年代の東京は、仕事と遊びと生活が密着し混合する新しいヘテロトピーを実現していた。当時九一年に大ヒットしたテレビドラマ「東京ラブストーリー」を見てみよう。このドラマは、当時の東京にあらわれた混とんとした状況を描写している。若い男女が東京で働き、出会い、友人と酒を飲み、恋をしたり争ったりする。彼らは行楽地に行かない。物語はすべて都内だけで進行し、都内で完結する。職場からさほど離れていないバーで旧友と語らい、帰り道の公園で男女が抱き合い、路上でキスをする。それは、半分はフィクションだが、半分は事実であり、この後にあらわれる都市の姿のロールモデルとなる。仕事と遊びと生活が混合する濃密な都市である。

ここですこしファッションの話もしておこう。一九七〇年代の末から八〇年代を通して、ファッションにゆっくりと変化があらわれていた。変化を促したのは、ニット素材とロックミシンである。

ニット素材とは、Tシャツやキャミソール、ジャージ、毛織物など、編まれた布のことである。布には織られたものと編まれたものがあって、縦糸と横糸を交互に重ねた織物を布帛《ふはく》、編まれた布をニットという。

布帛は、呉服から背広まで幅広く使われる標準的な布だ。戦時中までは、たいていの繊維製品は布帛であった。布帛の手ぬぐいで汗をぬぐい、布帛のふんどしを下着にしていた。ニットは糸を編んでつくった布である。ニットの特徴は、布自体に伸縮性があり、丸首やVネックの状態で着脱でき、精密な製図をしなくても体にフィットするということだ。

日本ではニット製品の歴史が浅く、大戦後から一九六〇年代まではもっぱら下着に使うものと決まっていた。この下着の生地は糸をメリヤス編みにしてつくられていたので、当時は下着のことを「メリヤス」と呼んでいた。下着や靴下に使用されたニットは、その後、こども服、体操着などに用途を拡大していく。

一九七〇年代の後半から、Tシャツやトレーナーが普及するようになる。それらはロックミシンで縫製され、短期間に大量に生産することができた。ロックミシンとは、三本か四本の糸を使って編み込むように縫い、縫うと同時に（縫う直前に）端切れを切り落としていくという優れたミシンである。切ることと縫うことを同時にしてしまうので、縫製の速度は格段に速くなり、流行の速度もあがった。こういう方法でつくられた衣料品を、カット・アンド・ソー、通称「カットソー」という。ニット素材とロックミシンによって、ファッションは大きく変化していった。八〇年代には身体のラインを強調するボディコンシャスのワンピースが流行し、九〇年代にはキャミソールが流行する。若い女性たちは、下着であったキャミソールをアウターにしてしまったのである。

ファッションは、固い布帛から柔軟なニットへと素材を移行させていくことで、人間のシルエットを曲線的にし、身体の輪郭を露出させていった。そして、直線的な布帛と曲線的なニットが組み合わされ、無数のバリエーションが生み出されるようになる。一人の人間の姿のうちに、仕事と遊び、大人とこども、複数の要素が混合するようになった。それは、空間のゾーニング、分業制や性別役割分業のゾーニングに、大きな亀裂を入れるものだった。

一九八〇年代の都市大衆は、それ以前の世代に比べてはるかに活動的になった。七〇年代にこたつを囲んで議論をするか沈黙するかしていた人びとは、八〇年代にはこたつを出て、具体的な実践に向かう。理想を語るのではなく、理想を実践するようになるのである。彼らは旧い規範を文章で批判するかわりに、規範を侵犯する格好をして街を歩き出した。

七〇年代であれば一部の前衛芸術家しかやらなかっただろうことを、普通の人間がやり出した。ギターを弾きたい者はバンドを組み、役者をやりたい者は劇団をつくり、文章を書きたい者は自前の雑誌を印刷して配った。それは、時間をかけて熟慮する批評的態度を失うかわりに、欲望をそのまま肯定し表現する突破力をもっていた。新しい都市大衆は、文化を受動的に眺めたりなぞったりすることに満足せず、自ら文化の構成に介入し実践するようになる。

新しい実践は、規範を侵犯し、規範意識を揺るがす。

ここで一九八七年の「アグネス論争」を見てみよう。テレビタレントのアグネス・チャンは、出産後まもなくタレント活動に復帰し、職場に乳児を連れていった。この行為を有名作家が論難し、社会学者たちがアグネスを擁護し、作家と学者のあいだで大論争になる。これが八〇年代のフェミニズムを世に知らしめることになる論争である。仕事と生活の境界をどう線引きするのか、その境界は本当に必要なのか、誰にとって境界が必要なのか。このゾーニングをめぐる論争は、仕事と遊びと生活が寄木細工のように絡みあう新しい都市の趨勢を反映したものだった。

都市をめぐる展望の変化

あてがわれた居住地で、与えられた仕事をこなすという生活は、窮屈で従属的なものと感じられるようになった。この感覚は、一九七〇年代以前であれば、もっぱら家庭の主婦が感じるもの、もっぱら女性解放運動のテーマだと考えられていたものだ。主婦は家に閉じ込められている、と。だが八〇年代になると、こうした感覚が男女を問わず若年層全体に拡張していった。生活が自動化され、機械的に設計され、人間はその装置に流し込まれていく。人間の生きるコースはだいたい決まっていて、一五歳時の偏差値で輪切りに選別されたあとは、しかるべき位置におかれるのを待つだけである。この大きな装置の前では、人間は客体化された肉である。フェミニズムが感じとっていた牢獄の感触は、この時期、女性だけのものではなくなっていた。

生活を自由で能動的なものにしたい。設計された居住地で受動的に生きることは、もう我慢できない。こうした要求が大衆的な規模で爆発したのが一九八〇年代である。

一九八五年に結成されたパンクバンド「ザ・ブルーハーツ」を見てみよう。ザ・ブルーハーツは当時の若者に絶大な支持を受け、ひとつの社会現象と呼ばれるまでになったバンドである。

ザ・ブルーハーツが特異であったのは、男性のバンドでありながら、内容においては徹底して女性的であったことだ。しかもそれはたんにロマンティックな女性ではなく、告発する女性であった。外見はパンク、しかし、歌詞の内容はとことん感傷的かつ告発的で、ボーカルの甲本ヒロトの動作はヒステリー症状を模したものだった。そのスタイルは、従来の男性規範を逸脱し、侵犯するものだった。外見は男性でありながら、男性規範を挑発する女性的な、すくなくとも非男性的なスタイルが登場したのである。メッセージは感傷的、即物的、反権威主義。それはまるで「ウーマンリブのダサい女が言いそうな内容」を、パンクの男が大声で歌い出したのだ。「ウーマンリブのダサい女が言いそうな内容」とは、政治的な落としどころのない、全面的で非和解的な告発である。彼ら自身がそれをどれだけ意識していたかはわからないが、ザ・ブルーハーツは、一九七〇年代のウーマンリブ運動の派生物・発展形であったと言うことができる。彼らはパンクというスタイルに乗せて、両性的または中性的な告発のスタイルを確立した。具体的に歌詞を紹介しよう。

誰かが線をひきやがる

騒ぎのドサクサにまぎれ
誰かがオレを見張ってる
遠い空の彼方から
チェルノブイリには行きたくねぇ
あのこを抱きしめていたい
どこへ行っても同じことなのか？

（ザ・ブルーハーツ「チェルノブイリ」）

これは一九八六年のチェルノブイリ原子力発電所事故を受けて発表された歌である。この歌詞がすばらしいのは、原子力事故＝放射能汚染の空間的ひろがりを明確に示したこと、そしてそれが、空間をとおした支配の政治と結びついていることを、告発するかたちで示したことである。騒ぎのドサクサにまぎれて誰かが線を引き直し、誰かが被曝を強要され、誰かがチェルノブイリの地獄に行かされることになる。それは「どこへ行っても同じこと」、人間が政治のいけにえにされる状況はどこに暮らしていても変わらないのだ、と。

ここで歌われた内容は、二〇一一年の福島第一原子力発電所の事件を経験した現在の私たちには、痛烈に理解することができるものだ。福島県に線が引かれ、避難者と「自主避難者（補償対象外の者）」とに選別され、住民帰還政策が強行される。福島の町おこし・町づくり計画は、一般公衆の被曝受忍計画と同義となる。それは住民自身の計画・事業ではなく、福島を上空から眺める〝誰か〟のものなのである。

ザ・ブルーハーツが「チェルノブイリ」を発表した当時、この歌詞はスキャンダラスなものとして物議を醸した。「チェルノブイリには行きたくねえ」とはなにごとか、けしからん、と。それは当時の政治が（右翼であれ左翼であれ）、反原発運動の女性たちを〝利己的〟〝ＮＩＭＢＹ〟と非難しているさなかに放り込まれた歌だったからだ。このことは現在の放射能汚染問題をめぐる状況を見れば想像できるだろう。被曝したくないという単純で普遍的な要求は、利己的、ＮＩＭＢＹ、「自分のことしか考えないバカな女」の要求として、右からも左からも断罪されたのだ。

だが当時の政治の論理から一方的な断罪を受けながらも、ザ・ブルーハーツの人気は衰えることがなかった。彼らの強みは、非和解性である。他人に理解されようとか、意見のすりあわせをしておとしどころを見つけようとか、そんなことは微塵も考えない。お前が不愉快に感じるならそれでいいじゃねえか、というパンクのスタイルを貫き、歌いつづけたのである。

都市をめぐる展望は大きく変化していた。その変化は、空間の形式ではなく、生活の内容において進行した。

一九七〇年代の若者のコミューン運動は、都市を離れた山間部や島しょ部に向かったのだが、八〇年代以後のコミューン運動は都市を舞台にする。人間の尊厳を回復する新しい生活は、都市を離れて実現されるのではなく、都市のなかに異物を挿入し化学反応を促すやりかたで志向される。それは山間部にはない人口の濃度と、多様な要素の複合を武器にして遂行されるのである。この時期に見られる音楽や演劇といった表現物に注目するだけでは十分でない。重要なのは、その表現物の製作過程において、彼らがどのような生活をめざしたかである。彼らは企業社会への従属を拒否し、結婚制度への従属を拒否し、〃大人らしく〃ふるまうことを拒否した。そうした拒否をとおして、人間の尊厳のある生活を要求したのである。

この新しい要求は、このあとにあらわれる人口移動にひとつの説明を与えるものだとおもう。一九八〇年代後半に始まる東京への人口集中は、政策的に意図されたものではなかったし、純粋に経済的な理由だけで説明することもできない。六〇年代の全総の時代の人口移動とは違っていることがある。八〇年代以後の東京の膨張には、大衆の集合的意志が含まれていて、それは政治的な意志よりも深く、広い、より全体性をもった欲望というべきものだ。

欲望の都市

まずひとつの事実から確認しよう。

一九九〇年代以降、若年の男女は、地方都市を荒廃した環境とみなすようになった。上京する移住者たちは東京の生活に魅力を感じるからではなく（それは実際に暮らしてみるまでわからない）、彼が生まれ育った地域に生活の荒廃を読みとったから移動するのである。ここで考えられるべきは、東京の求心力ではなく、地方の遠心力である。

地方の荒廃とは、都市基盤の未整備であったり、仕事の選択肢が少ないことであったりもする。一九六〇年代の全総は、「拠点開発方式」をとり、拠点から漏れた多くの地方をとりのこしていたから、地域間格差が固定化されたのは事実である。だが、そうした理由だけでこの時期の人口移動を説明するのは不十分だ。なぜなら、名古屋のような都市基盤の整備に成功した地域にあっても、他の地域と同様の若年人口の流出が見られたからだ。

都市をめぐる展望の変化は、人びとを能動的・活動的にし、人口移動を促した。ここであらわれた人口の過密・過疎は、欲望の過密・過疎の反映である。生活文化をめぐる欲望の舞台となることが、新しい都市の条件になる。欲望を受けとめられない禁欲的な都市は、荒廃した地域とみなされることになる。

端的に口にされる言葉に耳を傾けてみよう。上京した人びとは「田舎の人は保守的だから」と言う。彼らは、生まれ育った地域の人間とその社会を嫌っている。そういうものにかかわっていたら自分の人生を無駄にしてしまうと感じられているのである。実際には東京の生活も楽なものではない。だが東京には、人びとの野心と能動性を受けとめる社会があった。複雑で奥行きのあるヘテロトピーが形成されていた。分業や性別役割分業を自明視するのではない、異種混交的で、もしかすると革新的な、生活空間があるのだ。日本の国土計画は、都市の人口過密を解消することをめざしてきたが、国の意図に反して、若者たちは東京をめざして移動していった。もう一度「東京ラブストーリー」を見てみよう。若い女性がなんのためらいもなく「カーンチ！　セックスしよ！」だ。当時の一般的な規範意識に照らせば、完全に変人である。この変人が発揮する能動性、欲望のあからさまな肯定が、当時の人びとが要求した都市である。

一九九一年に製作された「東京ラブストーリー」とそこからつづくトレンディードラマは、外形的に見るならば、鈴木都政の「マイタウン東京」構想に連なるキャンペーンドラマである。しかし製作者がなにを意図していたかはおくとして、このドラマは、東京で始まっていた新しい都市生活を全国に宣伝するものになった。東京にはラブストーリーがある。東京にはラブストーリーを支える都市空間があり、路上でいきなりキスをしている。すばらしい。

鈴木都政は、新宿西口の副都心と、お台場などの臨海副都心に開発を進めた。しかし都の意図に反して、まったく別の方向で発展を見せたのは、開発の手の届かない「木賃ベルト地帯」であった。

木賃ベルト地帯とは、東京二三区の外周を縁どるエリアで、環状七号線に沿って帯のように連なる広大な地域である。ここは東京市の区画整理の時代にほとんど手をつけられなかったため、幹線道路以外はゴチャゴチャとした狭い生活道路と袋小路の多い地域だ。ここに小さな木造住宅と木造住宅を改築したアパートが無数にある。小田急線と京王井の頭線が交差する下北沢駅、JR中央線の中野、高円寺、阿佐ヶ谷駅などは、この木賃ベルト地帯に位置している。上京した若者たちが住みたい、住みやすい、人気のエリアだ。

この木賃ベルト地帯は、東京都建設局にとってはいつか区画整理をしたい地域なのだが、住民の反対が強く、なかなか再開発が進まない。なぜならここは、再開発をしなくても十分に人が集まって賑わっているし、再開発をしてしまったら街の魅力を損なってしまうことを住民の誰もが知っているからである。

すこし私の話を書こう。私の青春時代の話だ。

一九八九年。私が一八歳で上京し、最初に暮らしたのは、埼玉県入間市のものすごく辺鄙な場所だった。西武池袋線の武蔵藤沢駅。ここは狭山茶の産地で、茶畑に囲まれた農道を歩いて駅に通った。仕事のために池袋に出るまで、四〇分ぐらいかかった。ここはちょっと大変だった。

半年ほどで入間市を引き払い、次に住んだのは東京都の杉並区堀ノ内三丁目。最寄り駅で言うと、地下鉄丸ノ内線新高円寺駅から徒歩五分の場所だった。当時付き合っていた女性のアパートに転がり込み、同棲生活を始めた。この街はすばらしかった。東西に延びる青梅街道と南北にはしる環状七号線は、交通量の多い幹線道路なのだが、そこから一歩路地に入ると、まったく自動車が入ってこない。酔っぱらって千鳥足で歩いてもまったく問題がない。自動車の騒音も届かない。閑静で安全な住宅地だ。この近くの中華料理店は、とくに美味しいということもないのだが、でっぷりと太った猫が客席にでんと構えていて、ラーメンがというよりはその猫を見るために足を運んだ。

新高円寺駅から北に向かって商店街がつづく。これがまたうっとりするような商店街だった。ルック商店街、そこから北に進んでいくと、アーケードのあるパル商店街、アーケードを抜けると高円寺駅。すばらしい。自動車が進入してこない安心して歩ける通り。人間の足の尺度でつくられた、歩いて楽しい商店街だ。私は本当に衝撃を受けた。なんと人間的な街だろう。自動車がわがもの顔で走る名古屋の野蛮と比べて、この街はあたりまえのように人間主義がある。ベビーカーも、幼児も、高齢者も、障碍者も、酔っ払いも、みんなそれぞれのペースで歩くことができて、平穏な気持ちでいられるのだ。また、ここに並んでいる店がよかった。やる気がないわけではないが、やる気まんまんというわけでもない、適度な抜け感があって、ほっとする。私はこの商店街の古本屋で、半額になった理論書を買いもとめ、歴史の考えかたを学んだのだ。

　堀ノ内三丁目には、「やくよけ祖師」として知られる妙法寺というお寺がある。一七世紀に尼寺として始まってから四〇〇年の歴史をもつ古いお寺だ。私は高円寺に住んでいたころ、建築現場で足場を組む鳶職の見習いをしていた。私が入門した鳶の組は、妙法寺に出入りする業者だったので、このお寺でも何度となく仕事をした。「お会式」というお祭りや節分行事があれば、そのための仮設ステージをつくり、石段に仮設スロープをつくり、お正月には下足番の仕事をやった。大きな行事のある日は、お寺に出入りする石工、大工、左官、鳶といった職人衆が集まり、寺男としていろいろな雑用を手伝った。行事が無事に終わると、職人たちはお寺の裏の作業場にあるプレハブに顔をそろえ、おつかれさんの酒がふるまわれる。職方を統括する担当の住職がやってきて職人衆をねぎらう。この住職は、背が高く恰幅がよく、格闘家のような迫力と、人なつっこさをあわせもった人だった。この人がおもしろいのは、自分が悩んでいることを誰にでも率直に話してしまうことだった。

彼は巨体を揺らしながら、うーんうーんと唸っている。彼が言うのはこういうことだ。

「このお寺もだいぶ年季が入っているから、いつか全面的にクリーニングをしなきゃあいけない。上からやれって言われてるからね。でもね、きれいにしなきゃいけないんだけれども、きれいにしすぎちゃあいけないんだよな。ピカピカにしてしまうわけにはいかない。そこをどうするか、なんだよな」

彼が言うのは、お寺をクリーニングしてピカピカにしてしまったら、このお寺のもつ歴史的な風格が失われてしまうということだ。問題がそれだけであるのなら、技術的にはなんとかやりようがある話だ。だが彼が巨体を揺らしているのは、それがたんに技術的な問題ではなく、倫理的な問いを含んでいるからだ。

「汚れっていうのはねえ、汚れっていうけどさ、そうじゃないだろうって。それは、一口に汚れって言うけど、本当は、汚れじゃないだろう?」

そう。このお寺に染みついた汚れは、ただの汚れではない。何千何万の人びとが足を運び、這うようにして手をつき、線香をそなえ、ときには涙を落としながら祈ってきたものの蓄積である。そうした無数の祈りの蓄積であるものを、洗浄剤で洗い落としてしまってもよいのだろうか。

この問いは、なかなか解答はでないが、正当な問いだとおもう。ここは悩むべきところだ。

そんなところでグジグジ悩んでも、結局はクリーニングをするんだから考えるだけ無駄でしょう、と言うかもしれない。違う。まったく違う。ここは、悩んで、悩んで、悩むべきところ。ここでどれだけ悩んだかで、考えかたの厚みが決まる。そこで考えたことの厚みは、最後は仕上がりに反映される。

たとえば、駅前の広場の路面のアスファルトが、汚れている。ガムがこびりついて真っ黒になって、もう剝がせないという状態になっていて、そんなガムの痕跡が無数に点在している。汚いなあと感じる人がいるのは、まあ、そうだろう。きれいなものではない。そこでこのアスファルトを全部剝がして、新たにカラーブロックを敷きつめたとしよう。その新しいピカピカの路面の光景を見たときに、一瞬感じる喪失感は、なんだろうか。このなんともいえない喪失感にふみとどまって、考えてみよう。汚いアスファルトがとり払われてしまったあとになって、私たちはもしかしたらあのどうでもいいアスファルトに愛着をもっていたのかもしれない、と感じるのだ。ばかばかしいだろうか。そう言ってしまえば、それまでだ。だが、愛着とはなにかと言ったら、こういうわけのわからない感情を抜きには語れないようなものではないだろうか。

愛着というのは、商品の物神性とは違う。愛着は、価値のあるものにも、価値のないものにも、等しく宿る。いやむしろ、これ見よがしに価値をひけらかす商品よりも、ひっそりとたたずんでいる物質にこそ、愛着は向かいやすい。愛着は自由で、制御しがたく、複数的なものだ。そういうことを丁寧に考えているのかってことだ。人間はばかみたいなものに愛着をもつことがあって、それは誰にも制御できないものであって、そうであればこそ、敬意をもって遇しなければならないものなのである。

私はここで不合理なことを言っているのではない。私は合理的な道筋をたどって、人間主義と民主主義の話をしているつもりだ。この愛着をめぐる議論が不合理におもえるのなら、人間主義も民主主義も不合理なものということになってしまう。そうなれば、行政の都市計画はすべて正当で、検証の余地なしということになってしまう。

高円寺は、再開発の手が届かない地域である。それはこの地域が人びとから見放されているからではなくて、反対に、人びとに愛されているからである。東京都建設局からみればなんの価値もないと見えるものに対して、人びとは愛着をもつ。大事にされている。だから空中に乱雑に延びる送電線を、すっきりと地下に埋設しようなどという計画は、とんでもないことだ。あの乱雑な送電線を愛している人間は、確実に存在しているのだから。

なんの話だったろうか。

そう、欲望の都市だ。

混乱が生じないように、構図を整理しておこう。

都市をめぐる新しい展望、新しい生活要求は、職・住・遊を混合させる一種のコミューン運動を東京に出現させた。

同じ時期に、鈴木都政は東京改造に着手し、再開発・ジェントリフィケーションを進めていった。

このふたつの動き・志向性を混同してはいけない。このふたつは相互に絡み合いながら対立するのである。

ふたつのモーメントは、東京のさまざまな場面・空間で衝突した。新宿の野宿者が形成した「新宿段ボール村」は多くの人びとに支援され、拡大し、行政はそれをやっきになって排除した。法政・早稲田・東京大学などで強行された大学再開発は、激しい抵抗を生みだし、学生運動を活発にさせた。イラク反戦やフリーター労働運動のデモでは、「リクレイム・ザ・ストリーツ（路上解放）」を掲げる巨大なサウンドシステムが登場し、警察との激しい衝突を生み出した。若者たちは東京のあちこちの壁にグラフィティやタグを書き込み、行政はやっきになってそれを消していった。下北沢や高円寺では、地主ではない若い住民たちが「再開発反対」の集会・デモを展開した。都政による再開発によって東京の街がまるでデパートのようにキラキラと輝き出したとき、それを全力で阻止しようとする若者たちが登場した。一九九〇年代以降の東京は、ヘテロトピーを志向する都市大衆と、イゾトピーを志向する行政との、空間をめぐる攻防の場になったのである。

欲望の都市は、ジェントリフィケーションと対決した。だから、この人びとの欲望を、再開発されたキラキラ都市の姿と同一視するのは間違いである。彼らが要求し愛したのは、再開発されて下品になったキラキラ都市ではなく、もっと上品で刺激的《エキサイティング》な、木賃ベルト地帯の街である。たとえばそれは中野であり、高円寺である。

欲望の都市は、商店街やお寺、路地、小さな広場といったなにげない空間を、官能的なものとして感受しながら、そこを拠点とした。私がこの時期の東京を〝欲望の都市〟と言うとき、それは、巨大な資本を投下して整備された街区ではない。そんな価値や威信をひけらかそうとする商品化された空間に群がることとは、欲望とは言い難い。

欲望とは、もっと細やかなものだ。たとえば、夏の夕涼みに、駅前の広場に友人と落ち合って缶ビールを飲むときの、ほっとする感覚。なんでもない中華料理店に入ったところで客席に構える不愛想な猫に一瞥されたときの、あの体温のあがる感覚。人間のなにげない生活の一場面が、とても愛おしいものと感じられる官能的な時間だ。

人びとが要求したのは、そんな細やかな人間主義である。そして、都市開発がそうした小さなものを破壊してしまうことを予見し、抵抗したのである。

名古屋に引きつけて言うならば、東京都の再開発政策とは、都市の〝名古屋化〟である。都市大衆は、東京を名古屋化しようとする策動と対決していたのだと言うことができる。

名古屋の荒廃

名古屋の戦災復興都市計画は、すべての道路を自動車通行が可能な幅になるように拡幅した。幹線道路の歩道も大きく拡幅された。

道路・歩道の拡幅は、人間の知覚を衰弱させる。この空間は、軽度な感覚遮断の状態を生み出すことになる。東京や大阪から名古屋に来た人びとが、発狂しそうな感覚に陥るのは、この空間が与える軽度だが持続的な感覚遮断のためである。

まず損なわれるのは、触覚である。

ここで触覚とは、接触する触覚だけでなく、非接触的な触覚を含む。非接触的な触覚とは、両手を伸ばしてぐるりとまわした範囲、手の届く範囲のなかに、物があると感じることだ。接触してはいないけれども、物があると感じるのだ。たとえばバーのカウンターに座って飲んでいるときに、隣の席に見知らぬ人が座っていて、そこで二人は直接に接触することはないのだが、手の届く範囲に人があるという感触をお互いに感じとっている。それは非接触的な触覚だ。私たちが「人と人との触れあい」と言うときの〝触れ〟は、身体が直接に接触する状態と、直接に接触するのではない状態の両方を含んでいる。その「触れあい」の大部分は、接触するのではない〝触れ〟である。あるいは、街歩きを楽しむときの〝街に触れる〟という表現は、街の建造物を直接べたべたと触ってまわるということではなくて、手の届く距離まで接近して非接触的な触感を楽しむということである。街に触れるというのは、この非接触的な触感のなかに身体をひたすことだ。

道を歩くという行為のなかにも、この触覚は働いている。駅構内の通路を歩くとき、曲がり角の壁のコーナーに身体をぶつけないように曲がる。あるいは、コーナーにそっと身体をぶつけながら曲がる。ある種の昆虫類が触角をつかって壁面に触れながら歩くように、人間も、腕や肩や足を触角にして通路を歩く。それは直接に接触する場合もあれば、接触しないで感触を確かめるやりかたもある。そうやって感覚神経に刺激を与えながら、歩くことのリズムを構成しているのである。

こうした触覚がもしも遮断されてしまったら人間はどうなるか。これは、かなりきびしい。この感覚は文章では伝えきれないので、ぜひ一度名古屋にきて街を散歩してみてほしい。歩くことが苦痛になる。本当に発狂しそうになる。拡幅された道路が人間にどれほどのダメージを与えるか、身をもって理解することになるだろう。

もちろんどの都市にも広い歩道はある。東京でも大阪でも広い幹線道路があり、広い歩道がある。そういう場合、人間は広い道路を歩くことを避けて、路地に入るのである。路地に入れば、そこには人間の尺度の空間があって、人間的な触感を回復することができる。ところが名古屋にはそういう回復手段がない。すべての路地が非人間的なサイズに拡幅されてしまっているからだ。だから散歩のつもりで歩き始めたものが、まるで休まず歩きつづける行軍演習のような過酷なものになってしまう。〝行けども行けども名古屋〟という絶望的な感覚に陥るのだ。

触覚の次にダメージを受けるのは視覚である。

この街では視線が焦点を結ばない。すべてがぼんやりと、ピントの甘い状態になる。ここには、自動車交通の効果が大きく作用している。まず、自動車交通は街の並びを虫食いにする。この虫食いは、都市計画者のあいだで通常使われる〝虫食い（スプロール）〟とは違う。都市計画用語の〝虫食い〟とは、開発と未開発が混在するヘテロトピーの状態を指して虫食いと言う（この用法自体がイデオロギー的な悪意を含んだものだが）が、ここで私が言う虫食いはそうではない。駐車場の問題である。名古屋の市街地は駐車場によって細かく蚕食されている。建物のならびにスが入っている。この駐車場には、自動車が並んでいる場合もあれば、ガランとした空間になっている場合もある。この蚕食する駐車場空間が、建物を分散・孤立した状態にし、塊を構成できなくしている。

また、店の看板が自動車道路に向けて大型になっていて、人間のサイズから逸脱している。一般的に言って、巨大な看板というものは、郊外の幹線道路沿いの地域にあるものだ。国道沿いの店は巨大な看板を設置し、一〇〇メートル離れた自動車からも見えるようになっている。交通標識よりも大きく「紳士服」「本」「うどん」という看板が並び、そういう光景があらわれると、都心を離れて郊外にきたんだなあということがわかる。普通はそうだ。ところが名古屋では、都心部であっても看板が大きい。歩道ではなく車道に向けて看板を設置しているからだ。そうすると、建物を見るときの視点・視軸が分散することになる。視点が虫食いになっているのである。これは気持ち悪い。文章では伝えきれないので、ぜひ名古屋にきて歩いてみてほしい。視界がぼんやりして、もうろうとした感覚になるはずだ。

触覚・視覚、もうひとつは聴覚である。これも自動車だ。もう長々と書き連ねる必要はないだろう。名古屋では歩きながら会話を楽しむこともできない。

人間のサイズを逸脱して拡張された空間が、触覚・視覚・聴覚をくるわせる。この空間におかれた者は、軽度だが持続的な感覚遮断の状態におかれる。このことが人間文化にどれだけ悪影響を与えるものか、考えてみよう。

この空間は人間の言語能力を低下させる。言語活動というものが、対象を対象化すること、事物に名称を与え、さらに細かく分節化することから始まるのだとすれば、そこでは、対象を捉える感覚器官が十分に働いていることが前提となる。雪原に暮らすイヌイットは、雪の状態を示す言葉を一〇〇種類以上もっているというが、そのことは同時に、彼らが雪の状態をこまかく感じ取る繊細な感覚を保持していることを意味する。対象物である雪、対象物を感じ取る感覚器官、それを表現する言葉、この三つが循環しながら、言語活動が拡張していくのである。たとえば私のように比較的抽象度の高い概念作業をおこなう場合であっても、このことは変わらない。具体的な物質を離れて考えることはないし、感覚器官を鈍麻させていては、よい作業はできない。もちろん、抽象度をあげるということは、具体性の次元にぺったりはりついていることをやめるということなのだが、だからといって、具体を忘れたところで概念を概念化することもできないのである。

わたしはさきに物質に対する愛着ということを書いた。駅前広場のアスファルトが剝がされてしまっただけで、心のどこかにぽっかりと穴の空いたような喪失感をおぼえる。それは言い換えれば、自分の言語活動のエコノミーが毀損されたという感情である。私はアスファルトと、アスファルトを踏みしめる足元の触感とに支えられて、それらとの循環のなかでなんらかの概念作業をおこなっていたのだ、ということに、あとになってから気がつくのだ。言語活動と物質とは密接に絡み合っていて、このふたつは私たちが考えている以上に近しい。このことをもっともっと丁寧に考えようよ、というのが私の主張だ。

個人商店が店の改装をすることに文句をつけるものはいない。しかし、公共空間を大規模に改造して、人びとの足元の感触からまるごと変えてしまおうという再開発政策には、絶対に反対だ。このことを私が強く主張するのは、私が名古屋を知っているからだ。再開発にぼんやりと賛成する人びとは、一度名古屋を訪れて歩いたほうがいい。その「街づくり」計画がなにをもたらすのか、決定の前に名古屋を訪れて、きちんと見ておいたほうがいい。行政のいうままに街を改造すると、こうなってしまうのだ。あなたは自分の愛する街を名古屋のミニチュア版のようにしてしまってよいのか、じっくりと考えるべきだ。

名古屋の惨状は、都市計画が都市を荒廃させてしまう好例だと言える。だが私は名古屋だけが特殊だというつもりはない。問題は名古屋だけでなく、パリ、ロンドン、ベルリン、ニューヨークにも同様の荒廃がある。おそらくこの荒廃の大本はパリの都市改造だろう。オスマンによる放射状の都市計画が、世界中の権力者に参照され、日本の内務省もパリのような都市改造をめざしたのだ。その行政権力の意志をもっとも徹底して実現することになったのが、名古屋である。日本の都市計画史上、もっとも成功した都市は名古屋である。そう断言して異論は出ないはずだ。そうしてできあがったのは、もっとも魅力的でない都市だったのである。

世界デザイン博覧会の白鳥会場の南端、白鳥橋から、国道一号線を西に向かって車を走らせていく。中川運河を越えてさらに西進し、庄内川にかかる一色大橋《いっしき》を渡ったところで、信号を左折する。庄内川と新川《しんかわ》に挟まれた狭い中洲に、小さな古びた商店街があらわれる。商店街を抜けて新川の堤防にあがると、いまではほとんど使われなくなった魚市場があらわれる。この新川堤防に車を停めて、車を降りて、町のなかを歩こう。

ここは中川区の南端、下之一色町《しものいっしきちょう》。名古屋市下で唯一の漁村として知られる町だ。かつては市電の下之一色線の停留所があって、下之一色町から中川区役所、尾頭橋《おとうばし》へと結ばれていた。この路面電車は一九六九年に廃線にされてしまい、以来、バス停留所があるだけの、交通の不便な場所になってしまった。

なぜ、下之一色町に来たのか。私はこの本の最後に、下之一色の町を歩こうと、決めていたのだ。なぜならここは、名古屋にありながら名古屋でない、古い時代の空間をのこしているからだ。

下之一色町は、一九二一年の名古屋市大合併のさいに、合併から漏れた地域である。その後三七年に名古屋市に編入されたが、名古屋の市区改正も、戦災復興都市計画も、この地域には手をつけなかった。ここには、巨大な都市開発の以前にあった、人間の尺度の町がのこされている。

自動車が走り抜ける商店街から、一歩わきの道に入ると、幅二メートルほどの路地がつづく。これは想像した以上に狭い。両手をひろげると壁に触れてしまいそうな道幅である。こういう二メートル幅の路地が、家々の隙間をぬうようにして、婉曲したりクランクになったりしながら複雑な網目をつくっている。すばらしい。ぼんやりとしていた触覚がすこしずつ回復してくる。私がこどもだったら、この壁をべたべたと触りながら歩いただろう。楽しいからだ。いまはもう大人だからそういう歩きかたはしないが、これはぜったい楽しいはずだ。

しばらく歩いていると、聴覚が回復してくるのがわかる。国道一号線の騒音もここまでは届かない。庭の木に集まる小鳥のさえずりが、はっきりと聴こえてくる。家のなかでかかっているラジオの音、大工仕事をしているのか、金づちでくぎを打つ音。かまぼこなのかちくわなのかわからないが、練り物をつくっているのだろうガシャンガシャンという小さな機械音が耳のなかを心地よく刺激する。足元の側溝を流れる水の音まできれいにはっきりと聴こえてくる。うわー。やばい。きた。感覚が回復し、どんどん鋭敏になっていく。はっ。猫だ。視界が明るくなり、はっきりと焦点を結ぶ。あれは、猫だ。にゃーん。なんだか猫が多い、この町は。次から次に猫があらわれては、はっとした表情を見せて逃げていく。すばらしい。ただ歩いているだけなのに、どうしてこんなに楽しいのか。

狭く見通しの悪い路地を迷うように歩いていると、ふいに開けた道路に出た。振り返ると道路の突き当りに神社がある。浅間《あさま》神社だ。三〇坪ほどの小さな敷地に、小さな神社。手水場で手を洗い、本堂に向かって賽銭をそなえる。とくにどうということはない普通の神社なのだが、これが、ちょっといい。なんと言うのか、神社に対してこういう言いかたはよくないのかもしれないが、セクシーな神社だ。なにか色っぽい雰囲気がある。夏のお祭りには、この神社の前に夜店の屋台が並ぶのだという。小さな神社の小さな広場に屋台が並ぶのだ。その空間は、きっと官能的なものにちがいない。

参考文献

▼『都市創作』一九二九年八月
▼石川栄耀「日本に於ける田園都市の可能」『都市創作』一九三〇年四月
▼都市研究会〔編〕『都市公論　名古屋特集号』一九三四年七月
▼石川栄耀『都市計画及国土計画　改訂三版』産業図書　一九五一年
▼伊奈製陶株式会社伊奈製陶株式会社30年史編集委員会〔編〕『伊奈製陶株式会社30年史　1924―1954』伊奈製陶株式会社　一九五六年
▼大河内一男〔編〕『労働組合の生成と組織　戦後労働組合の実態　新版』東京大学出版会　一九五六年
▼『大同製鋼の現況と四〇年の歩み』大同製鋼株式会社　一九五八年
▼愛知産別会議歴史編纂委員会〔編〕『愛知産別会議小史』愛知産別会議残務整理委員会　一九五九年
▼愛知県『伊勢湾台風災害復興計画書』愛知県　一九六〇年
▼井上清、渡部徹〔編〕『米騒動の研究　第一巻第五巻』有斐閣　一九六二年
▼田淵寿郎『或る土木技師の半自叙伝』中部経済連合会　一九六二年
▼鼓肇雄『戦前における愛知県製陶労働組合運動史』風媒社　一九六三年
▼アメリカ合衆国戦略爆撃調査団〔編〕名古屋市鶴舞図書館〔訳〕『名古屋市爆撃の効果』名古屋市総務局企画部調査課　一九六四年
▼大河内一男〔編〕『資料・戦後二十年史　四』日本評論社　一九六六年
▼『大同製鋼50年史』大同製鋼株式会社　一九六七年
▼『豊和工業六十年史』豊和工業株式会社　一九六七年
▼トヨタ自動車工業株式会社社史編集委員会〔編〕『トヨタ自動車30年史』トヨタ自動車工業　一九六七年
▼武田文夫「名神高速道路の開発効果とその教訓」

『道路』一九六七年八月
▼安齋鉄夫「名神高速道路小牧インターチェンジ周辺の発展」『高速道路と自動車』一九六七年一〇月
▼斎藤勇『名古屋地方労働運動史　明治・大正編』有斐閣　一九六九年
▼『講座都市と国土　二』鹿島研究所出版会　一九七一年
▼国立国会図書館調査及び立法考査局『東海道メガロポリスにおける都市の変貌と今後の政策課題』国立国会図書館調査及び立法考査局　一九七一年
▼塚本三郎「アジェンデ崩壊を待望した国民　左翼連合は失敗だった」『保革逆転　チリ軍事クーデターの意味するもの』浪曼　一九七四年
▼愛知県警察史編集委員会〔編〕『愛知県警察史　第二巻　第三巻』愛知県警察本部　一九七三年、一九七五年
▼アンリ・ルフェーブル　今井成美〔訳〕『都市革命』晶文社　一九七四年
▼「トラック輸送の社会的評価〈特集〉」『運輸と経済』一九七六年二月
▼「日本映画批評」『キネマ旬報』一九七六年二月
▼加藤栄一「映画『トラック野郎』にもの申す」『流通設計』一九七六年五月
▼山根貞男「アスファルトと祭り」『シナリオ映画芸術の原点』一九七六年九月
▼鈴木則文、菅原文太「男一匹映画渡世」『シナリオ　映画芸術の原点』一九七七年一月
▼石井常雄「映画『トラック野郎』が提起するもの」『荷役と機械』一九七七年三月
▼大須事件被告団、大須事件被告を守る会全国連絡会、関根庄一『被告　大須事件の二十六年』労働旬報社　一九七八年
▼鈴木則文「故郷喪失者たちの挽歌」『シナリオ映画芸術の原点』一九七八年九月
▼イヴァン・イリイチ　大久保直幹〔訳〕『エネルギーと公正』晶文社　一九七九年
▼森田稔、佐藤祐二「純流動調査からみた日本の物流」『高速道路と自動車』一九七九年四月
▼マリアローザ・ダラ・コスタ　伊田久美子、伊

藤公雄〔訳〕『家事労働に賃金を』インパクト出版会　一九八六年
▼G・ガルシア・マルケス　後藤政子〔訳〕『戒厳令下チリ潜入記　ある映画監督の冒険』岩波新書　一九八六年
▼『豊和工業八十年史』豊和工業株式会社　一九八七年
▼伊藤英一『愛知民衆運動の歴史　新版』ブックショップ「マイタウン」一九八七年
▼西尾武喜「世界デザイン博で情報発信都市作り」『国会ニュース』一九八七年五月
▼伊藤徳男『名古屋の街　戦災復興の記録』中部日本新聞社出版局　一九八八年
▼『別冊宝島九二　うわさの本』ＪＩＣＣ出版局　一九八九年
▼世界デザイン博覧会公式ガイドブック刊行委員会〔編〕『世界デザイン博覧会公式ガイドブック』世界デザイン博覧会協会　一九八九年
▼岡崎勝「デザイン博みたゃあ　あかん」『福祉労働』一九八九年九月
▼『世界デザイン博覧会公式記録』世界デザイン博覧会協会　一九九〇年
▼高木勝義「世界デザイン博と名古屋のまちづくり」『都市問題研究』一九九〇年三月
▼愛知県警世界デザイン博覧会等警備対策室「世界デザイン博覧会の交通管理対策　上下」『Keisatsu Jiho』一九九〇年四月、五月
▼八束はじめ、小山明『未完の帝国　ナチスドイツの建築と都市』福武書店　一九九一年
▼トヨタ自動車工業株式会社社史編集委員会〔編〕『トヨタ自動車20年史』トヨタ自動車工業　一九五八年
▼名古屋市計画局〔編〕『復興土地区画整理事業のあらまし』名古屋市　一九九一年
▼鈴木俊一『地球時代の首都経営』ぎょうせい　一九九四年
▼名古屋鉄道（株）広報宣伝部〔編さん〕『名古屋鉄道百年史』名古屋鉄道株式会社　一九九四年
▼日本共産党中央委員会『日本共産党の七十年　上下』新日本出版社　一九九四年

▼中部電力電気事業史編纂委員会〔編〕『中部地方電気事業史 下巻』中部電力株式会社 一九九五年
▼東京都現代美術館〔ほか編〕『未来都市の考古学』東京新聞 一九九六年
▼新修名古屋市史編集委員会〔編〕『新修名古屋市史 第五巻―第七巻』名古屋市 一九九八年―二〇〇〇年
▼鈴木俊一『官を生きる 鈴木俊一回顧録』都市出版 一九九九年
▼名古屋市計画局、名古屋都市センター〔編著〕『名古屋都市計画史 大正8年―昭和44年』名古屋都市センター 一九九九年
▼名古屋市計画局、名古屋都市センター〔編著〕『名古屋都市計画史 大正8年―昭和44年 図集編』名古屋都市センター 一九九九年
▼松岡完『1961ケネディの戦争 冷戦・ベトナム・東南アジア』朝日新聞社 一九九九年
▼伊藤徳男『名古屋の街 戦災復興の記録 第二部』丸善名古屋出版サービスセンター 二〇〇〇年
▼ヴォー・グエン・ザップ 眞保潤一郎、三宅蕗子訳『人民の戦争・人民の軍隊 ヴェトナム人民軍の戦略・戦術』中公文庫 二〇〇二年
▼石田頼房『日本近現代都市計画の展開 1868―2003』自治体研究社 二〇〇四年
▼道場親信『占領と平和 〈戦後〉という経験』青土社 二〇〇五年
▼小島進『私本・こんな人生もある』小島進 二〇〇七年
▼ディヤン・スジック 五十嵐太郎〔監修〕東郷えりか〔訳〕『巨大建築という欲望 権力者と建築家の20世紀』紀伊国屋書店 二〇〇七年
▼創立100周年記念事業委員会〔編〕『豊和工業100年史』豊和工業株式会社 二〇〇七年
▼東新円上間高速道路強行建設反対期成同盟〔編〕『名古屋高速道路強行建設反対運動の記録 我等の主張と経過報告』蓬左書房 二〇〇九年
▼中島直人、西成典久、初田香成〔ほか著〕『都市計画家石川栄耀 都市探求の軌跡』鹿島出版会 二〇〇九年
▼名古屋市住宅都市局開発調整部区画整理課〔編〕

『区画整理の街なごや』名古屋市土地区画整理連合会　二〇〇九年
▼宮地健一『検証大須事件の全貌　日本共産党史の偽造、検察の謀略、裁判経過』御茶の水書房　二〇〇九年
▼『岩波講座東アジア近現代通史　第八巻』岩波書店　二〇一一年
▼社史編纂会議〔編〕『中部電力60年史』中部電力株式会社　二〇一一年
▼名古屋大都市圏研究会〔編〕『図説名古屋圏新版』古今書院　二〇一一年
▼牧幸輝「『中京デトロイト化計画』とその帰結　戦前自動車開発の諸相と軍需工業化の影響について」『オイコノミカ』二〇一一年九月
▼アンドルー・ゴードン　二村一夫〔訳〕『日本労使関係史　1853―2010』岩波書店　二〇一二年
▼『トヨタ自動車75年史　もっといいクルマをつくろうよ　1937―2012』トヨタ自動車　二〇一三年
▼アイカ工業80年史編纂プロジェクト〔編〕『アイカ工業80年史　1936―2016』アイカ工業株式会社　二〇一六年
▼木田勇輔「都市レジームはいかに再編されつつあるか？　1980年代以降の名古屋市政を事例に」『日本都市社会学会年報』(三四)二〇一六年
▼山田隆幸〔編著〕『土地は百姓の命・国の宝だ！　小牧基地拡張反対運動記録集　砂川・内灘と共に闘われた戦後の三大基地闘争』ほっとブックス新栄　二〇一六年
▼葛西雅直『名古屋と航空機産業　商工都市から軍需工業都市へ』名古屋学院大学ディスカッションペーパー　二〇一六年一一月
▼斎藤貴男『戦争経済大国』河出書房新社　二〇一八年
ほか『中日新聞』『中部日本新聞』『新愛知』『名古屋新聞』『赤旗』『週刊民社』『革新』『労働戦線』など新聞、機関紙誌

あとがき

　名古屋について考える作業は、当初おもい描いていたよりも刺激的で、没頭できるものだった。都市の成分を三つの地層に分解すること、すなわち、近代都市計画・モータリゼーション・ジェントリフィケーションを、それぞれに独立した系として考察することは、くたびれるけれども楽しい作業だった。そして名古屋の都市構造が、この三つを非常に見えやすい状態で提示していることに驚いた。

　本書を読み終わった読者には、ぜひ一度、名古屋観光にきてほしい。見どころは、たくさんある。楽しくは、ない。楽しくはないが勉強になる旅行、現代風に言えば、歴史を学ぶ「ダークツーリズム」ということになるだろうか。

　栄の一〇〇メートル道路に立ってファシズムの時代を体感するもよし、楠ジャンクションを仰ぎ見てモータリゼーションの途方に暮れる感覚を味わうもよし、名古屋国際会議場を訪れてジェントリフィケーションの美学的特徴を観察するのもよし。近世権力に関心を向けるなら、名古屋城というのもある。産業博物館もたくさんある。見どころはもりだくさんである。

名古屋は楽しくないが、興味深い、勉強になる街だ。ぜひ一度、足を延ばしてみてほしい。

第一章の最後の項目、大須事件については、通り一遍の記述にとどめた。この事件は論争の余地の多い、非常に重い問題を含んだ事件だ。私自身の見解・評価もまったく定まっていない。だから正直なところ、この件を記述すること自体ためらっていた。しかし、大須事件の被告人のひとり金優氏と直接対面し、お話を聞かせていただいたことで、たとえ不十分であれ書いておかなければならないと腹を決めた。私たちの訪問を快く受けてくれた金優氏と、機会をつくってくれた渡辺由利氏に、謝意を表したい。

本書の企画と史料収集にあたっては、編集者の福田慶太氏に大変お世話になった。国会図書館などから膨大な史料を引っぱり出してきて、もう読めない、時間がないと言っているのに、どんどん史料を送ってきてくれた。民社党についてはもう書き終えた、もう資料はいらないと言っているのに、彼は一週間以上ずっと民社党の機関紙『週刊民社』についてもうろうと語りつづけた。彼もまた、名古屋の歴史のえぐい部分にあてられて、精神の変調を経験したのだ。本書の企画で一番苦労したのは、私ではなく、彼だったのかもしれない。福田君ありがとう、そして、おつかれさま。

また同時に、版元である現代書館の菊地泰博社長にも謝意を表したい。

最後にもうひとつ。

本書では、都市をめぐるふたつの重要な論点を除外している。ふたつとは、タバコの問題と、放射能汚染問題である。

私はタバコ規制に反対する愛煙家である。それと同時に、放射能汚染を避けて東京から名古屋に移住した「自主避難者」である。

よくある質問。「タバコを吸うことは平気なのに放射能をおそれるのか?」という質問に対しては、そうだ、と答えよう。遺伝子の配列を破壊する放射性物質は、タバコとは比較にならないほどおそろしいものだ。

だから問いはこう立て直さなければならない。あれほどやっきになってタバコを規制してきた国・厚労省が、放射能人体汚染を受忍できるものとみなしているのは、なぜなのか。職場の禁煙化を進めるために口やかましくしていた人びとが、食品の放射能汚染に無頓着でいられるのは、なぜなのか。キャンパスの禁煙化を進めてきた大学が、学生食堂で福島県産食材を提供するということが、なぜ起きてしまうのか。この一見矛盾した事態から見えてくるのは、衛生概念というものが、純粋に生理学の領域の問題ではなく、権力の編成の問題である、ということだ。

衛生概念は、近代都市計画の時代から現代のジェントリフィケーションにいたるまで、行政権力の重要な武器となってきたものである。衛生概念は、専制政治と親和的で、文化に対して排他的である。ファシズムの政治は、自らを〝衛生的なもの〟に見せようとするものだ。日本人はファシズムの時代から今日まで、自分たちが他のアジア人よりも清潔な民族だと信じてきた。そのため、日本人の異民族に対する差別意識は、〝不潔〟という印象と結びついてきたのである。

衛生概念は、文化に対する迫害、統制、禁欲に、正当性を与える重要なイデオロギーであり続けている。民主主義も人間主義も、衛生概念の前では無力だ。この衛生の歴史については、現在の私の力量ではまとめることができなかった。今後の課題としたい。

矢部史郎（やぶ・しろう）

一九七一年生。文筆・社会批評・現代思想。

一九九〇年代よりネオリベラリズム、管理社会などを独自の視点で理論的に批判。

二〇〇六年、思想誌『VOL』に編集委員として参加。

二〇一一年に東京を離れ、現在は愛知県春日井市に在住。

著書に『愛と暴力の現代思想』（山の手緑との共著、青土社）『原子力都市』『3・12の思想』（以文社）など。

夢《ゆめ》みる名古屋《なごや》

ユートピア空間の形成史

2019年6月20日 第1版第1刷発行

著　者　矢部史郎
発行者　菊地泰博
発行所　株式会社 現代書館
〒102-0072 東京都千代田区飯田橋3-2-5
電話03-3221-1321／FAX 03-3262-5906／振替00120-3-83725
http://www.gendaishokan.co.jp/
印刷所　平河工業社（本文）　東光印刷所（カバー）
製本所　鶴亀製本
装　幀　宮崎希沙
編　集　福田慶太

日本音楽出版協会（出）許諾第1904511-901号
タイトルロゴ作成：MIO　校正協力：高梨恵一　地図作成：曽根田栄夫

ISBN978-4-7684-5857-0
定価はカバーに表示してあります。乱丁・落丁本はおとりかえいたします。